央视创造传媒

《加油向未来》节目组 组编

加油向未来 科学一起猜

（第二季） 下册

探索与好奇早在人类诞生之初就写在我们的基因里

你知道吗？

与一片阿司匹林同质量的正反物质湮灭时，产生的能量足以让天舟一号遨游太空；C919 气动效率提高的 20%，离不开 15000 次的风洞实验；4450 个反射单元组成的中国天眼 FAST，可以接收到来自宇宙边缘的天体信号。

你知道吗？

仅用两块玻璃，就能实现 1000 摄氏度的火焰龙卷风；而摆脱引力也只需要弹指一挥……

好奇的基因总会孕育出科学的种子，塑造着平凡却又伟大的未来。让我们一起去探索人类科技的梦想，加油向未来！

扫书中二维码
看《加油向未来》精彩视频

书中部分实验带有一定的危险性
小朋友们千万不要模仿哦！

爱上DK爱上科学
一个思想的世界，有我们该知道的一切

序一　为了拥抱科学的自觉

人类是一种没法更幸运了的生物，在残酷的演化过程中竟然能一直成功胜出，成了今天这个自己都有点得意的模样。这一切，都得益于纯粹的生存驱动在人类的某些个体中率先产生了认识自己、认识自然直至认识宇宙的意识。由无数前贤的艰苦探索所达成的这个意识的结晶，就是科学——我们的生存所唯一能信赖的保障。在今天，这种意识表现为拥抱科学的自觉，这是一个对所有个体来说都十分重要的素质要求。今天的人类社会，是科学支撑起的技术高度发达的社会，个体日常生活所触及的科学元素之多之复杂，在三十年前是无法想象的。学习科学、掌握科学知识，不再是一种奢侈，而只是生活的必需。因此，科学的科学传播就显得尤为必要。以愚之浅见，基于自然科学对这块土地来说是舶来品的现实，在中国要传播科学知识更要培植科学思想，而尤为迫切的是，我们有必要养成拥抱科学的自觉。

如何培养拥抱科学的自觉，对于个人来说或许只是一件艰难的挑战，对于社会，它必然是一项伟大的事业，需要投身于其中的人们的真诚、热情和毅力。令人欣慰的是，我们有幸见证了这项事业起步时的腾跃。

《加油向未来》节目是一群电视人倾力打造的系列大型科学传播节目。区别于传统的学校演示实验，《加油向未来》所展现的科学实验更具观赏性与冲击力。电视技术的运用利于多方位呈现更细微的内涵，而其动用的诸多高精尖设备（深潜器、战斗机、宇航服、后勤保障车等）对学校来说几乎是无法企及的。佐以严格的专业讲解，包括问题的缘起、科学原理、实验设计思想、材料选择、注意事项、关于结论的争论等等，《加油向未来》节目所展现的科学实验，其科学传播价值，是无与伦比和不可估量的。就我个人作为一个实验物理学家而言，近距离考察这些实验都是对我学识的有益补充。本书的内容，因此而显得弥足珍贵。

值得一提的是，作为在这一季中参与点评的职业科学家，现场“冷板凳”上的我感受到了文艺人士拥抱科学的自觉，这一点比从媒体反馈信息中看到的大众拥抱科学的自觉更让人感动。此一拥抱科学的自觉，渗透到了节目制作的每一个环节，从而让节目内容经得起科学的严苛挑剔。不妨设想，当《量子力学原理》和《相对论基础》步着《尤利西斯》《追忆似水年华》或者《纯粹理性批判》的后尘在中国也成了文化人身份的时尚标签，我们实在没有理由不为科学中国或中国科学的乐观未来而欢呼。当其时也，若是还有人记得《加油向未来》曾经的努力，则《加油向未来》节目组的朋友们不妨今天就为自己感到骄傲起来。

是为序。

曹则贤

2017 年 8 月

北京 中国科学院物理研究所

序二　和有趣的人一起做有趣的事

8 月 11 日，这一季《加油向未来》的所有节目终于都录制完了，节目组导演向我保证当晚就拆掉录制现场，肯定不会补录了，我也就放心了！那晚的狂欢庆祝让我耗尽了体力，第二天是周六，我罕见地没有去办公室，在家里半休息半工作了一天，以为以后就可以做一个安静的吃瓜群众看节目了。但是节目组虽然没有食言，却又给了我和曹则贤老师一个新任务：为这本书写序！真是套路啊！

说实话这个节目我的贡献非常小，也只是参加了不到一半的录制，想不出怎么写序，就写一下我是怎么被“套路”到这个节目的吧。

大概四个月前，单位负责科普宣传的老师给我发来了节目组的邀请信，说是王雪纯老师想就这个节目对我做一个简短的采访，算是对科学传播的支持。我有一个习惯，每当媒体或者活动组织方邀请我参与采访或者参加活动，我总是要调研一下对方的背景，因为和什么人一起做事情很重要。《加油向未来》这个节目我有所耳闻，但是知道的并不多。简单地了解了一下，知道了雪纯是这个节目背后的核心人物。我问了一下朋友，对雪纯好评如潮。我也参加过节目的主持人之一撒贝宁主持的另外一个节目，感觉非常好。在那个节目里，我封了小撒为中国主持界的第一把“男交椅”。节目之后，我觉得根据小撒的表现，他应该稳坐中国主持界第一把“科学交椅”。

和有趣的人一起做有趣的事，于是我就接受了节目组的采访邀请。采访之后，雪纯突然提出，你和曹则贤老师来做我们节目的科学顾问吧！我以为科学顾问的功能就是帮节目组对节目内容的科学性把一下关，觉得这是该做的事情，就没有推脱。然后雪纯又说，科学顾问就是要在场上作为嘉宾解答实验的原理！看我面露难色，雪纯继续“忽悠”：其实就是说几句话而已，很容易而且不花什么时间。既然雪纯的口碑这么好，我就相信了！后来发生的事情（为了不影响和节目组的友谊，就不公开吐槽了）表明，根本不是这么回事啊！满满的套路啊！

终于在节目录制前收到了部分实验的单子，才知道节目组的套路之深还是超过了我的预想！这些实验显然是有高人策划，有强大的实验团队和国内最顶尖实验室的支持，甚至动用了我国最先进的科学探索、工程建设和国防的装备和设施。平时就是在新闻里面也不一定能够看到，但是节目组却拿来做实验演示了，真的是不好讲解啊！但是，为了传播科学，这样的力度我从未见过，也没有想到！央视的影响力、实验策划的高度、节目组的能力，在这里锋芒毕露！

我们都喜欢做有趣的事，听有趣的故事，看有趣的节目，读有趣的书，这是我们大脑的选择，人人如此，没有例外。喜欢科学才能学习科学，学习科学才能理解科学，理解了科学我们才有智慧的人生，智慧才能让你表现得有趣！大家都喜欢小撒的机智和幽默，我想这和他作为中国主持界第一把“科学交椅”是分不开的！

毫无疑问，这样的“高大上”实验必然会吸引人，必然会让人觉得有趣。觉得有趣就想知道实验背后的原理，而这就是科学！突然我觉得参加这个节目也变得高大上起来了！虽然是被雪纯“套路”上了船，但这不是贼船，是科学的船，是带领青少年们驶向未来的船！

节目结束了，我的任务完成了。也许你听懂了曹老师和我的一些讲解，但是肯定还有不少疑问，这本有趣的书肯定都能够解答。有些实验规模不是很大，照着这本书的讲解，在学校在家里也可以做。读着有趣的书，做着有趣的科学实验，你就可以体会科学的奇妙，就可以享受科学的乐趣。

只要你喜欢，科学离你并不远！加油向未来！

张双南

2017 年 8 月

北京 中国科学院物理研究所

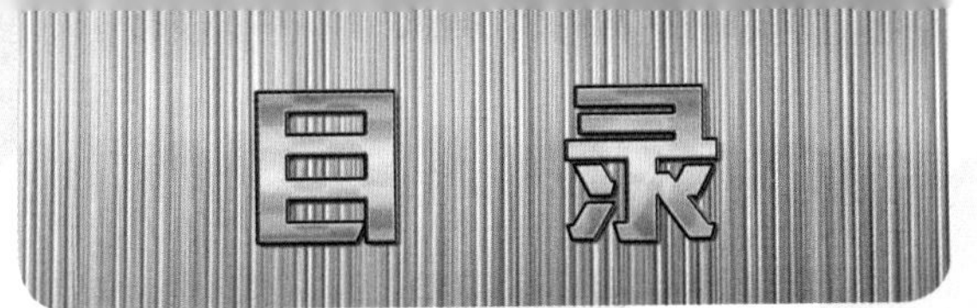

目录

科学单元 9

科学单元 10

科学单元 11

科学单元6

我有两个梦，一个叫作“禾下乘凉梦”，梦里我看到我们田里的水稻产量很高，稻柱长得有高粱那么高，穗子有扫帚那么长，籽粒有花生米那么大，我看着好高兴，就和我的助手在稻穗下乘凉。这是个真实的梦，我把它叫作“禾下乘凉梦”。第二个梦叫“杂交水稻覆盖全球梦”，就是让杂交水稻走出国门，向世界各个国家推广。

我们国家有一个科学院，还有一个工程院，科学院是搞基础、理论研究的，特别是数学；工程院是搞应用研究的。我们从事应用科学要实践，没有实践就是空声锣鼓，不会有声。像我们研究农作物的就要下田。我大概培养了二十多个研究生，培养时我说：第一条你要下田，你不下田我就不培养。因为书本知识虽然重要，但是书本里面长不出水稻；电脑虽然重要，但是电脑里面也长不出水稻，只有在土地里、在试验田里才能长出水稻。所以说实践对于我们从事应用科学研究的人是最重要的。读书的作用是很肯定的，我们需要有丰富的知识。但是一个书呆子，没有实践，也出不了成果。

世界杂交水稻之父
中国工程院院士
袁隆平

实验一 刀尖上的舞者

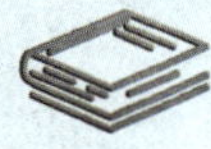

新课标知识点·力矩和力偶

1 我们知道要使物体转动当然要有力，但是有时候光有力还是不够的。力对物体转动的影响，不仅跟力的大小有关，而且跟力和转动轴之间的距离有关。力越大、力和转动轴之间的距离越大，力矩对转动的影响就越大。

2 改变物体转动状态的两个要素是力和力臂。力和转动轴之间的距离，即从转动轴到力的作用线的距离叫作力臂。在物理学中，把力和力臂的乘积叫作力矩。力对物体转动的影响取决于力矩的大小，力矩越大，力对物体转动的影响越大。

3 在工程实践中，常常可以见到物体受大小相等、方向相反但不共线的两个平行力作用而转动的情况。例如，日常生活中用两个手指拧动水龙头。力学上把这种大小相等、方向相反、不共线的两个平行力组成的系统，叫作力偶。构成力偶的两个力的作用线间的距离叫力偶臂。

4 组成力偶的力越大，或力偶臂越大，则力偶使物体发生转动的效应越强；反之，就越弱。这说明力偶的转动效应不仅与两个力的大小有关，还与力偶臂的大小有关。因此，我们用力偶臂中的一个力与力偶臂的乘积来度量力偶对物体的转动效应，称为力偶矩。

5 力偶对物体的作用效应与力对物体的作用效应是不同的。原来静止的物体在一个力的作用下可以发生平动，也可以既平动又绕某一轴转动；但一个力偶却只能使原来静止的物体产生转动，而不能产生平动。

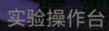

实验操作台

实验题目

将尾钩连接装置加长 10 厘米，舰载机模型模拟舰载机着舰时会发生什么情况？

A. 前起落架受损

B. 后起落架受损

C. 飞机安然无恙

实验情景

2017 年 4 月，首艘国产航母 001A 型航空母舰穿着标准的海军灰正装，出现在人们的视野中。国产航母即将下水的消息吸引了无数国人好奇的目光，同时引起了舰载机航模爱好者的关注。

众所周知，受制于航母甲板的有限距离，舰载机在起飞和着舰过程中十分惊险，被誉为“刀尖上的舞者”。舰载机究竟怎样才能安全着舰？拦阻锁如何与舰载机尾钩“默契配合”？歼 –15 舰载机模型带你一探究竟！

实验步骤

1. 装有尾钩连接装置的舰载机模型模拟着舰过程，观察到舰载机着地后，尾钩装置钩住模拟拦阻索，安全平稳降落，没有受到损伤；

2. 实验员将加长 10 厘米的尾钩连接装置更换安装在舰载机模型尾部；

3. 舰载机模型模拟着舰过程，观察到飞机模型前起落架轮胎掉落，受损严重。

实验证明，正确答案是 A。

扫一扫

看将尾钩的连接装置加长 10 厘米，舰载机着舰时会怎样

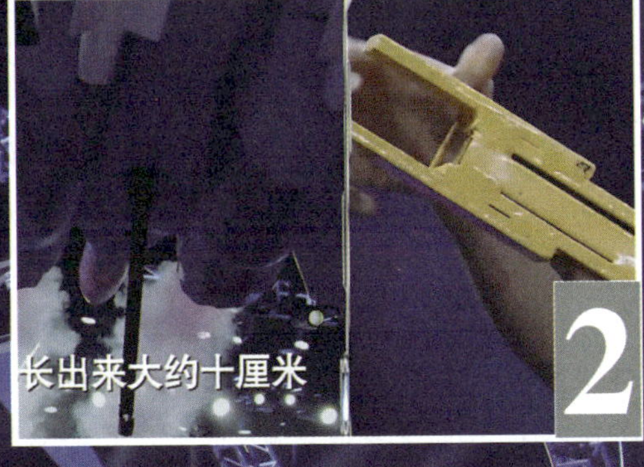

原理探秘

在航空母舰上着陆（着舰）是舰载机飞行过程中最危险、最困难的过程，任何一点微小的差错都将导致严重的后果。本题涉及的尾钩长度就是其中之一。

舰载机的着舰与一般飞机在陆地机场降落有很大的不同。陆地机场通常有足够长度的跑道（一般能达到 1000 ~ 2000 米甚至更长），飞机可以逐渐减慢速度缓缓着落。而对舰载机而言，它的降落跑道通常只有 100 米左右，这个距离太短，飞机自己减速根本停不下来，最终会飞出跑道，坠入海中。因而必须制订特别的着陆方案。

舰载机的降落方法实际上是通过机尾部的一个钩子（尾钩）钩住航空母舰甲板上的拦阻钢索，拦阻钢索用巨大的阻力将飞机暴力拉停，同时为了保证降落不成功时舰载机还能够复飞而不是坠海，舰载机是以加速状态高速降落的。

一架本身速度就已经很大，还加着油门随时准备飞起来的飞机在 100 米内被拦阻索强行拉停，不难想象拦阻索通过尾钩施加给舰载机的力有多大。这么大的力只有在其作用线通过飞机的重心时，才能让飞机平稳地停下来。

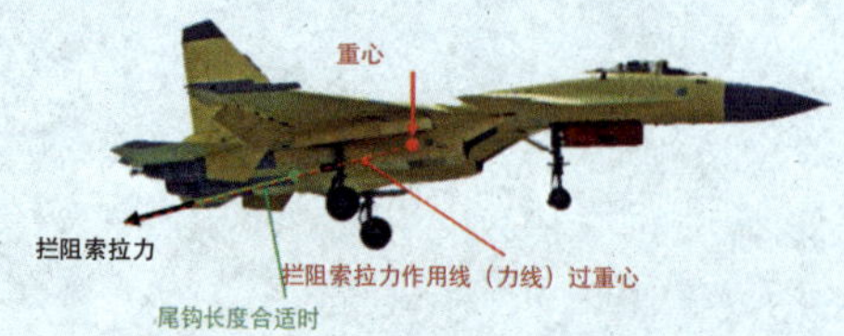

拉力不产生额外力矩，飞机可平稳降落

如果力的作用线从飞机重心下方经过，那么飞机会产生顺时针旋转的趋势，从而导致机头产生额外的向下压力，对前起落架造成破坏甚至引起严重事故。

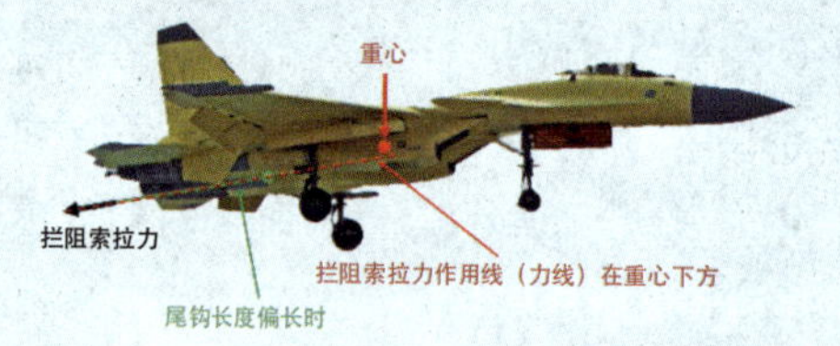

拉力产生力矩使飞机有向前翻滚趋势

如果力的作用线从飞机重心上方经过，则会产生逆时针旋转的趋势，飞机有可能抬起头来，破坏降落姿态造成严重后果。

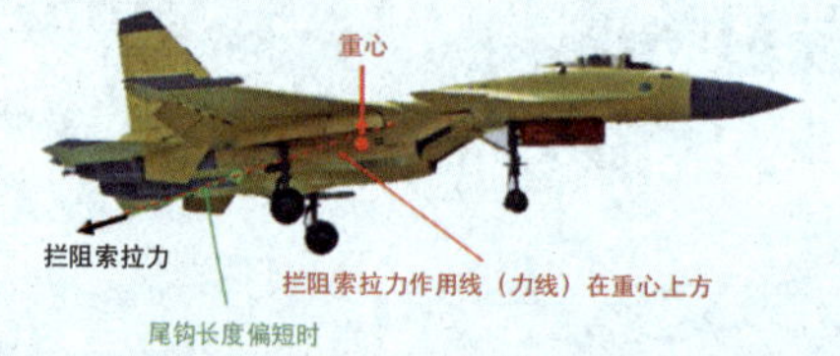

拉力产生力矩使飞机有向后翻滚趋势

尾钩的长度是影响拦阻索施加给舰载机的拉力作用线方向的关键因素。从图中可以看出，只有尾钩长短合适时，其钩住拦阻索后形成的直线才能通过飞机重心，长一点或短一点都会导致这条直线的上下偏移，从而导致飞机有向前或向后翻滚的趋势。（陈征、吴宝俊）

专家视角

在设计尾钩的时候，关于长度的考虑中很重要一点就是力线的概念。当尾钩钩上绳子之后，尾钩的角度和绳子的角度是一致的，这个方向我们通常叫作力线的方向，就是力往我们飞机上传递的方向。

由于它是斜的，它加在飞机上的力就有两个分量——一个是水平方向的分量，这个分量要拉着飞机，让它能够慢下来；另一个垂直方向的分量，它要给飞机两个后轮施加向下的压力，使得轮子和地面的阻力增加，也更有利于飞机停下来。所以这个角度要设计得比较合适，要使得水平方向有一定的拉力，垂直方向也有一定的拉力。如果没有水平方向的拉力或者水平方向的拉力比较小，飞机就不会停得很快。但是，如果垂直方向的拉力比较小，它给后轮施加的压力比较小，后轮就不能产生足够的阻力。另外，飞机机头会砸下去，前轮会损坏。

我们知道，舰载机是航母上最主要的武器，我们要从航母上面起飞飞机来攻击敌方，或者保护航母。我们的航母实际上就是一个移动的、漂浮在海面上的空军基地。

一般的空军基地都在大陆上，是固定的，没有办法移动。陆地上的空军基地会暴露给敌人，却无法接近你要攻击的目标。我们知道，所有的飞机都有一个有效的攻击半径，就是在保证执行任务后还能再飞回来的前提下实现的最远攻击距离。超出攻击半径之外，飞机就无能为力了。当我们把飞机放在航母上面，航母就可以接近我们要攻击的目标，使得有效攻击半径更大。从国土防御的角度来讲，防御的半径也更大了。

我们国家现在拥有了航母，说明我们国家的国防技术确实到了国际前列，这也是我们大国能力的体现。大国能力不仅体现在我

们要守护好自己的土地，也体现在我们要担负起全球范围内的责任。（张双南）

生活显微镜

平动和转动

一般物体的运动方式有两种：一种是平行运动（简称“平动”），平动就是平着动，这个过程中，物体上任意两个点的相对位置连线始终保持平行；另一种是旋转运动（简称“转动”），也就是物体围绕某一个点旋转。物体的各种运动都可以看成以上两种运动的组合。比如，在笔直道路上飞奔的汽车，车身以及坐在车里的乘客的运动就是平动，在运动过程中，乘客的相对位置和方向都不变。而车轮的运动则是平动和转动的组合：一方面，车轮的质心（位于轴心处）在平动；另一方面，车轮上的其他位置则围绕车轴转动。

物理学上定义力矩，认为它是使物体的转动状态发生改变的原因。当物体受到的作用力方向相反，且作用线又不在同一条直线上时，就会产生力矩。力越大，力的作用线距离越远，产生的力矩就越大，反之越小。

火箭发射时，我们希望火箭只做平动而不做转动，因而需要火箭发动机提供的推力作用线非常准确地经过火箭的质心。同时，火箭的外形也必须保证在大气中高速飞行时受到的空气阻力合力准确经过火箭的质心，否则稍有偏差就会产生力矩，导致火箭发生倾倒和坠落。读者可以试试让一支笔直立在自己的手指上，努力让手指给笔的支持力作用线通过笔的质心从而保证它不倒下，看看这件事是否容易做到。

巧折纸飞机

你会折纸飞机吗？你折的纸飞机飞得远吗？

要想让纸飞机飞得远，也就是希望纸飞机尽量平稳向前，既不向上抬头也不向下低头。因为向上抬头的纸飞机会因为克服重力而发生失速，进而坠落；而向下低头的纸飞机虽然在重力作用下会获得加速，却会更快冲向地面。

从科学的角度看，纸飞机飞得更远更稳的条件是：只发生平动而不发生转动。也就是说，纸飞机受到空气的托举力作用线应该尽可能准确地通过纸飞机的质心。对于一架已经折好的纸飞机，它的气动外形已经确定，空气给它的托举力作用线位置基本上也已经确定。我们可以通过在纸飞机上加配重的方式，把纸飞机的质心移动到托举力的作用线上。具体做法如下：

1. 把折好的纸飞机扔出去进行一次试飞，看它会仰头还是低头；

2. 如果纸飞机仰头，说明纸飞机的质心在托举力作用线后方，我们可以在纸飞机中脊上靠近机头的一侧别一个曲别针；

3. 如果纸飞机低头，则说明纸飞机的质心在托举力作用线后方，我们可以在纸飞机中脊上靠近机尾的一侧别一个曲别针；

4. 再次试飞，观察飞机是抬头还是低头。如果抬头则把曲别针向机头移动或者在机头一侧多加一个曲别针；如果低头则把曲别针向机尾移动或者在机尾多加一个曲别针。

按以上方法反复调节几次，就能得到一架飞得又稳又远的纸飞机了。

实验二 洪水自救

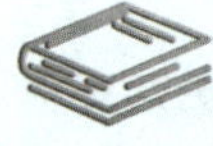

新课标知识点·伯努利方程

1 不可压缩的、没有黏滞性的流体，称为理想流体。流体的流动可以用流线形象地表示。在定常流动中，流线表示流体质点的运动轨迹。从流线的分布可以知道流速的大小：流线疏的地方，流速小；流线密的地方，流速大。

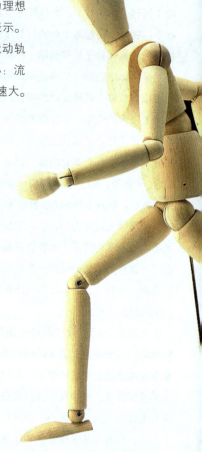

2 外力做功使得流体的机械能发生改变。由于我们研究的是定常流动，因此即使液体有所更换，流体的密度和各点的流速都不会有改变的。这样，机械能的改变就等于流出的那部分流体的机械能减去流入的那部分流体的机械能。

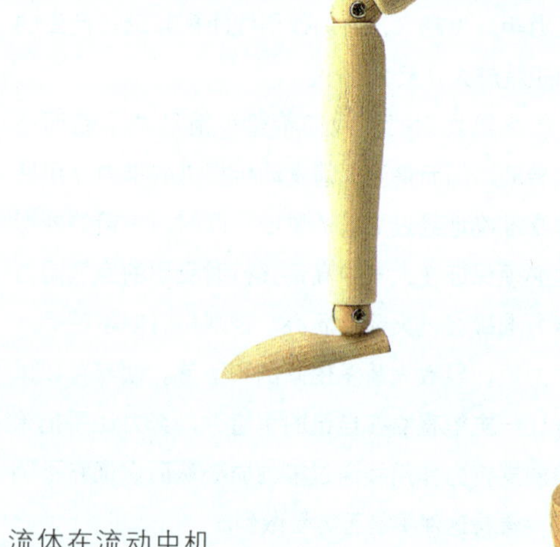

3 理想流体没有黏滞性，流体在流动中机械能不会转化为内能，所以这段流体两端受的力所做的总功等于机械能的改变。

4 由伯努利方程$p+\frac{1}{2}\rho v^2+\rho gh=C$可知，在流动的流体中，压强跟流速有关。流速大的地方压强小，流速小的地方压强大。向两张纸中间吹气时，两张纸中间空气的流速大、压强小，外边空气的压强大，所以两张纸会贴近。

5 飞机机翼横截面的形状上下不对称，机翼上方的流线密，流速大；下方的流线疏，流速小。由伯努利方程可知，机翼上方的压强小，下方的压强大，这样就产生了作用在机翼上的向上的升力。

实验操作台

实验情景

夏天，大雨哗哗地下个不停，城市的排水系统在四面八方赶来的雨水面前瑟瑟发抖。面对自然灾害，我们每个人都应该掌握科学的自救技巧。大雨过后，面对洪水，我们又该采取什么样的措施安全地穿过急流呢？

实验题目

当 1.4 米高的，规则而连续的波浪来袭时，高矮胖瘦不同的人摆成什么样的队列最安全？

A. V 字形

B. 一列纵队

C. 一个横排

扫一扫

看当 1.4 米高的规则波来袭时，哪种队列最安全

实验步骤

1. 年龄、身材各不相同的四男三女七位志愿者在造浪水槽中站成横排：小孩站在队列中间，女性站在小孩两侧，男性站在横排的最外侧。造浪机造浪，15 组波浪之后，队列被冲击到距离安全线 150 厘米的位置。

2. 相同的七位志愿者站成 V 字形：孩子站在 V 字形顶点，中间段为两个女性，后排为四个男性。几组波浪之后，队列被直接冲垮，最终队列停留在距离安全线 420 厘米的位置。

3. 七位志愿者站成一列纵队：男性站在队首，女性站在中间，孩子站在最后面，15 组波浪之后，队列纹丝不动。

实验证明，正确答案为 B。

原理探秘

处于流体中的物体受到冲击力的大小，一方面和流体流动的速度有关，另一方面也和物体在正对流体流速方向上的横截面积以及物体自身的形状有很大关系。我们一般用一个阻力系数来描述物体的形状对它受到的流体作用力的影响程度，在像洪水这样流速的流体中，物体受到的阻力大体上正比于横截面积和阻力系数的乘积。对于我们的题目而言，人站成一横排时，不但横截面积很大，阻力系数也非常大，所以受到的冲击力特别大；而站成一纵列时横截面积最小，同时阻力系数也最小；以箭头阵形站立时虽然阻力系数不大，但横截面积明显大于一纵列的横截面积。（陈征、吴宝俊）

专家视角

咱们的目的是自救，是自己不要被冲垮了。选择 A（V 字形）的可能会说，两边的人把力给加在小孩身上，小孩可能是比较稳固。但是洪水冲过来的时候，难道只冲小孩不冲别人吗？都会冲。每个人身上受的力都是一样的，只要一个散掉了，很快其他就都散掉了。而 C（一个横排）的情况比 A 更糟糕，所有的水是同样的力量打到每一个人的身上。为什么解放军救水的时候采取 C 这种方式，他们是为了挡住水，靠他们的力量来加固阻挡洪水的东西。（张双南）

生活显微镜

困扰科学家的难题——流体力学

流体是生活中非常常见的一类自然现象。比如风就是空气的流动，河流中的水流、海洋中的洋流都是水的流动。这些现象都和我们的生活息息相关。飞机翱翔于天空，船舶在水中航行，背后都离不开我们对流体知识的理解。因而流体问题也是科学家很早就开始研究的一类问题。

著名的瑞士科学家族伯努利家族的代表人物之一——丹尼尔·伯努利早在 1726 年左右就提出了“伯努利原理”（动能 + 重力势能 + 压力势能 = 常数），进而得到众所周知的“流速大的地方压强小，流速小的地方压强大”的著名推论。1738 年，丹尼尔·伯努利以《水动力学》为名出版了系统研究水的流动规律的著作，1880 年左右，“空气动力学”横空出世，到了 1935 年左右，人们把研究水和空气流动规律的学问综合起来，形成了近代物理学中一个重要的分支——流体力学。

流体力学可以说是物理学中最复杂最困难的分支之一。通常情况下，我们只能通过对流体的性质进行一些理想简化来近似地处理。反映真实流体基本力学规律的纳维·斯托克斯方程（Navier–Stokes equations，简称 N–S 方程）提出至今已有一百多年，却始终没有被完整地解答。2000 年，N–S 方程被美国克莱数学研究所列为世界七大数学难题之一，悬赏百万美元希望解开这个难题，至今还没有人拿到这笔奖金。

据说著名的量子物理学家沃纳·海森堡在临终前说过这样的话：“当我见到上帝，我一定要问他两个问题，一是什么是相对论，二是什么是湍流（turbulence）。我相信他会告诉我第一个问题的答案。”而另一位著名的物理学家理查德·费曼则说“湍流是经典物理学中最后一个没有解决的重要问题。”

涉水是件危险的事

为什么 10 米 / 秒的大风（六级风）很难把人吹走，而河流的流速通常只有 2 ～ 3 米 / 秒，却很容易把人冲走呢？

首先，流体对物体的作用力是和流体自身的密度成正比的。空气的密度大约是 1.3 千克 / 立方米，而水的密度是 1.0×10^3 千克 / 立方米。在相同的流速下水的作用力是空气的大概 770 倍。2 ～ 3 米 / 秒的水流冲击力比超强台风（风速超过 60 米 / 秒）的冲击力还要大几十倍。

另外，我们抵抗流体作用力主要依靠脚底和地面的摩擦力。摩擦力的大小正比于施加在接触面上的正压力。在空气中，空气的浮力太小几乎可以忽略不计，人体的体重贡献了产生摩擦力所需的正压力；但在水中就不是这样了，人体的平均密度和水差不多，当我们趟过齐腰深的水流时，身体大约有一半浸没在水里，此时水产生的浮力几乎抵消了一半的体重，脚底的正压力就只剩了一半，能够产生的摩擦力随之减半。如果水深达到齐胸甚至更高一些，体重的大部分都将被浮力抵消掉，脚底的正压力所剩无几，很小的水流就能把人冲走。

所以，在野外遇到小溪或者河流时千万不要大意，即便水不是很深，水流看上去也不湍急，也不要轻易下水，切勿以身犯险！

实验三 冻结闪电

新课标知识点・电子

1 19 世纪末，科学家们发现了电子，从而认识到：原子是可以分割的，是由更小的微粒组成的。1897 年，英国物理学家 J.J. 汤姆孙根据阴极射线在电场和磁场中的偏转情况断定，阴极射线的本质是带负电的粒子流并求出了这种粒子的比荷。

2 J.J. 汤姆孙发现，用不同的材料的阴极做实验，所得比荷的数值都是相同的。这说明不同物质都能发射这种带电粒子，它是构成各种物质的共有成分。由此可见，电子是原子的组成部分，是比原子更基本的物质单元。

3 电子电荷的精确测定是在1910年由密立根通过著名的“油滴试验”做出的。电子电荷的现代值为 $e=1.60217733\times10^{-19}$ 库伦。密立根实验更重要的发现是：电荷是量子化的，即任何带电物体的电荷只能是 e 的整数倍。从实验测到的比荷及 e 的数值，可以确定电子的质量为 9.1093897×10^{-31} 千克。

4 1911年，卢瑟福提出了自己的原子结构模型。他设想：原子中带正电部分的体积很小，但几乎占有全部质量，电子在正电体的外面运动。按照卢瑟福的理论，正电体的尺度是很小的，被称为原子核。卢瑟福的原子模型因而被称为核式结构模型。

5 由于原子是电中性的，可以推算原子内含有的电子数。各种元素的原子核的电荷数，即原子内的电子数，非常接近于它们的原子序数，这说明元素周期表中的各元素是按原子中的电子数来排列的。

实验操作台

实验情景

闪电，壮丽却又转瞬即逝，昭示着大自然的瑰丽雄奇，也因此留下了无数诡异离奇的传说。然而，"永恒的闪电"却奇迹般地出现在《加油向未来》中。在无数观众的注视下，"闪电"随着敲击声在有机玻璃板中蔓延生长，并最终构成一尊脉络清晰的"千年古树"雕塑，令亲眼见证整个过程的"撒贝尼"兄弟为之折服。这究竟是怎么做到的呢?

实验题目

以下哪种方法可以做出来闪电雕塑?

A. 先用电子加速器轰击有机玻璃板，再用尖锐的金属敲击该玻璃板

B. 用特斯拉装置电击有机玻璃板

C. 让有机玻璃板在短时间内经历巨大温差变化

实验步骤

1. 实验员将有机玻璃板放在实验槽内，沿着有机玻璃板的两侧来回浇灌液氮，确保有机玻璃板均匀地降温，使玻璃板处于接近零下 196 摄氏度的液氮环境中；将已经降温的有机玻璃板立刻转移到另外一个实验槽中，并立即泼上一桶开水，观察到玻璃板内部没有改变；

2. 特斯拉表演者用特斯拉电流击打有机玻璃板，观察到玻璃板没有变化；

3. 将有机玻璃板放置在电子加速器的扫描窗下，电子加速器升压到 1000 万伏后进行辐照操作。扫描完成后，实验员戴上绝缘手套，手持顶端夹有钢钉的钳子，用锤子在有机玻璃面板上敲击钢钉。观察到有机玻璃面板上有花纹产生，并逐渐向外生长延伸出更多的花纹，延伸过程中有微弱的电闪亮光。

实验证明，正确答案是 A。

扫一扫
看以下哪种方法可以
制作闪电雕塑

原理探秘

电子在加速器中经过几百万伏特的电压加速后，以极高的速度从加速器窗口射入有机玻璃板内（PMMA，聚甲基丙烯酸甲酯）。进入有机玻璃板的电子在聚合物分子的强大阻力作用下急剧减速，如果电子的初速度满足合适的条件，电子最终会停留在有机玻璃板内。就好像机枪射出的子弹打在一堵土墙上后被留在土墙中一样。有机玻璃的绝缘性很好，电子一旦停下来就很难从里面跑出来，于是随着电子轰击的进行，积聚在有机玻璃板内的电子也越来越多，进而产生很强的电场。当电场强到一定程度，它对电子的作用力就会大于聚合物分子对电子的束缚，电子就会在沉默中爆发，产生放电击穿的现象。

本实验中，我们通过控制轰击在有机玻璃板上电子的速度和数量，让电子恰好停在有机玻璃板中部，并且它们积聚产生的电场强度又稍稍低于临界值，而不产生自发放电。当我们用钉子去敲击时，整个有机玻璃板内脆弱的平衡状态被打破，积聚的电子如溃坝一般从这个突破口汹涌而出，形成大量的放电通道，我们看到的漂亮图形，就是有机玻璃板内部放电产生的电火花烧蚀留下的痕迹。（陈征、吴宝俊）

专家视角

这个实验的原理和特斯拉放电的原理是一样的，都是高压下的一种放电现象。我们注意到，实验人员敲有机玻璃的时候用的是金属钉子，如果不用金属钉子而用一个塑料钉子去敲，或者塑料锤子去砸，就不会有这个效果。

当我们用电子加速器，在几十万伏、百万伏的高压下，让电子在高压产生的电场里产生很高的速度，然后射入有机玻璃板，电子就会停在里面。所以，这个有机玻璃板尽管看着是透明的，其实里面存了很多的电子。

这时候，如果用一个尖锐的东西敲有机玻璃板，板子里面会产生微小的裂缝；但是，如果不用金属的钉子砸，就只能有一个裂缝而已。一旦用金属的钉子之后，相当于给有机塑料板接地了，这里面的电子就开始沿着砸出的缝隙跑起来。跑的过程中，又撞到有机玻璃里面的分子，把有机玻璃的分子给电离了，这样又释放出了新的电子。在这个过程当中电子越跑越多。被电离的有机玻璃分子，扔掉了一个电子之后自己带正电荷，会吸引旁边的电子，吸引的过程就是放电的过程。所以你还会看到电子的火花。火花行走的通路就是我们看到的纹状结构。

电子加速器一般不是用来玩这个的，我们造电子加速器有别的用途。比如中国科学院高能物理研究所拥有中国最大的加速器，它实际上是一个对撞机，既产生电子又产生反电子，让它们对撞在一起，并研究这个物理过程。

医院里面也有很多加速器，比如 X 射线，CT。（张双南）

生活显微镜

大国重器——粒子加速器

人类对物质的认识，从最早用肉眼观察一切，到借助放大镜、光学显微镜进入微生物、细胞的微米量级，再到借助扫描隧道显微镜、原子力显微镜等手段进入分子、原子的纳米量级。每一次量级的跃升，都给人类社会带来了巨大的改变。今天，我们已不满足于这些，我们想进一步了解物质世界的秘密，想知道原子乃至原子核内的事情。于是我们就需要把原子核打开，而打开原子核的唯一办法就是用粒子轰击或者粒子对撞的方式让它“破碎”。

粒子加速器就是完成这样工作的装置。它一般由粒子源、真空加速系统和引导聚焦系统三部分组成。粒子加速器在真空环境中通过电场对带电粒子进行加速，同时通过电磁场对粒子的运动方向、轨迹等进行控制，让带电粒子获得非常高的能量并撞击被测粒子，让被测粒子四分五裂后，对碎片进行研究和分析，就能够获得原子核内部的许多信息，甚至发现新的物理规律。如今全世界已经有几万台加速器在运行。随着粒子加速器不断改进和提高，人们已能让粒子获得万亿电子伏特的能量（欧洲核子中心的大型强子对撞机能够把质子加速到 6.5×10^{12}eV），速度仅比光速慢了十万分之几。

中国从 1955 年 700 keV 质子静电加速器建成以来，尤其是改革开放以来，陆续建成了北京正负电子对撞机、兰州重离子加速器、合肥同步辐射装置和上海同步辐射光源等大型科学装置，并不断对这些装置进行改进和提升。目前北京怀柔区科学城正在筹建新的同步辐射光源，未来我国还将建立更大更先进的粒子加速器。所有这些，为我们探索原子核的一亿分之一尺度上的夸克粒子，以及相关的众多科研领域取得重大成果奠定了坚实的基础。

身边的粒子加速器

“粒子加速器”这个名字听上去似乎离我们比较遥远，但从广义上看，只要能够加速微观粒子，让它们沿着指定的方向前进的装置就是加速器。过去很常见的显像管显示器（CRT，阴极射线管）中的电子枪，就是一种低速的电子加速器；而平时我们去医院照 X 光片要借助的 X 射线，也是用一个电子枪射出的电子轰击金属产生的。较高速度的粒子加速器其实在生活中也能见到，医院用来治疗肿瘤等疾病进行“放疗”的设备，就是一种较高速度的加速器（医用加速器能量一般为几百万到两三千万电子伏特）。

粒子加速器

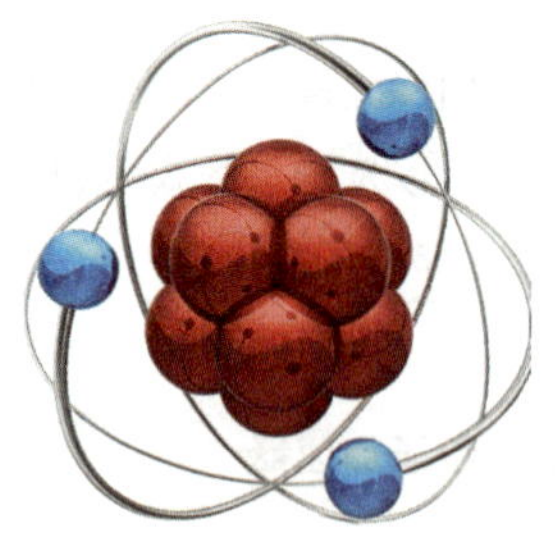

源起何处

在粒子加速器问世之前，人们用于研究原子核结构的粒子束有两种：一种是天然放射性核素发出的射线；另一种则是来自天外的高能宇宙射线。前者固然简单方便，但放射线粒子的流强太低，能量不高，因而产生核反应的概率很小。宇宙射线粒子的能量可高达 10^{21}eV，但其强度太弱，适宜于做定性的研究。就这样，粒子加速器作为一种利用电磁场将带电粒子加速到高能量状态的人工装置，在 20 世纪 30 年代初应运而生。

广泛应用

虽然粒子加速器是由于核物理和粒子物理的需要而发展起来的，但目前世界上占绝大多数（约有数千台）的加速器应用于其他领域，包括其他学科分支的科学研究，涉及工业、农业、医学、国防、计量和环境保护等。

在科学上，加速器应用于材料分析、用束流打靶产生 X 射线、核反应分析和加速器质谱仪等；在工业上，用于活化分析、离子注入、辐照改性等；在农业上，用于品种改良、消灭病虫害和食品保鲜等；在环境保护方面，用加速器产生的强束流对燃煤烟气进行脱硫、脱氮等。

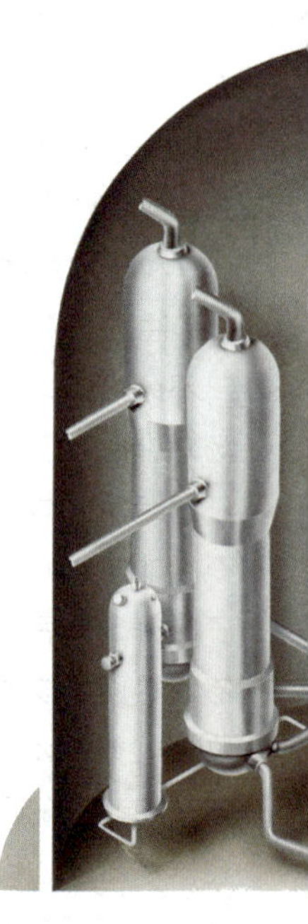

工作机制

目前，低能加速器应用的一个重要特征是产业化，用于各种离子注入机、辐照加速器和大型集装箱探测等。强流连续束质子加速器可用于核废料处理及核燃料生产。用加速器产生的强束流轰击核废料，可以将其中的长寿命放射性核素转变为有用的或短寿命的核素。

发展趋势

如果没有新的、更有效的加速粒子的原理，人类向更高能区和更深层次挺进的步伐将不得不停缓下来。科学家为探索新的、更有效的加速器原理不懈努力，提出了许多方案，并开展实验研究。这些方案就其能量可分为两大类：第一类是把光子的能量传递给被加速粒子；第二类是将驱动束粒子的能量传递给被加速粒子。

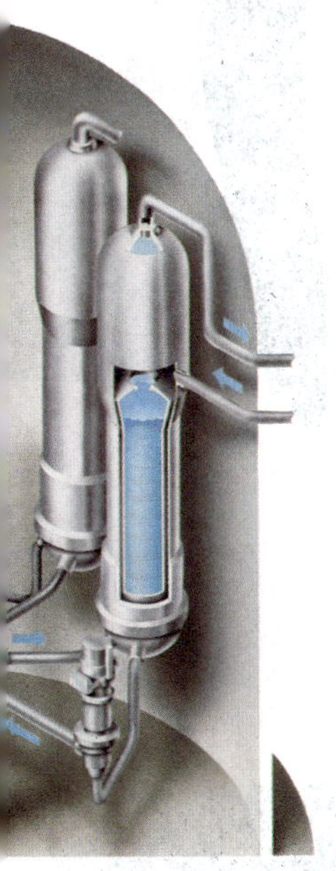

总的来说，各种新加速原理目前尚处于试验阶段，理论上有待继续深入，实验上还有许多困难，离实际应用还很遥远。但人们仍然相信，只要不懈努力，新的加速原理终会成功。

摘自：张闯，《国际粒子加速器的前沿》，原文见《物理》，2008 年第 5 期，第 289 ~ 297 页。

实验四 悬崖勒马

新课标知识点·力的合成与分解

1 当一个物体受到几个力的共同作用时，我们常常可以求出这样一个力，这个力产生的效果跟原来几个力的共同效果相同，这个力就叫作那几个力的合力，原来的几个力叫作分力。

2 求几个力的合力的过程叫作力的合成。两个力合成时，以表示这两个力的线段为邻边做平行四边形，这两个邻边之间的对角线就代表合力的大小和方向。这个法则叫作平行四边形定则。

3 如果两个以上的力作用在一个物体上，也可以应用平行四边形定则求出它们的合力：先求出任意两个力的合力，再求出这个合力跟第三个力的合力，直到把所有的力都合成进去，最后得到的结果就是这些力的合力。

4 如果一个物体受到两个或更多力的作用，并且这些力共同作用在同一点上，或者它们的作用线交于一点，这一组力就是共点力。力的合成的平行四边形定则，只适用于共点力。

5 已知一个力求它的分力的过程，叫作力的分解。因为分力的合力就是原来被分解的那个力，所以力的分解是力的合成的逆运算，同样遵守平行四边形定则。把一个已知力作为平行四边形的对角线，那么，与力共点的平行四边形的两个邻边，就表示力的两个分力。

实验操作台

实验情景

此次“悬崖刹车”实验再度上演惊险一幕：小尼乘坐的小车停在高 3 米、长 5 米的平台上，随时有“坠崖”危险。随着撒贝宁一次次加重车辆前方的配重，小尼的心也提到了嗓子眼。重力、拉力、正压力和滑动摩擦力之间存在着怎样的相互联系？随着小尼临近“悬崖”，这些物理量会发生怎样的变化？

实验题目

30 千克重的小车置于长 5 米、高 3 米的木板上，70 千克重的尼格买提坐进小车中。小车车头的绳索通过定滑轮连接在配重装置上。通过配重重力拉动小车克服滑动摩擦力移动，使得小车恰好停在木板边缘。那么拉动坐有小尼的小车，需要多少千克的配重装置？

A. 40 千克

B. 70 千克

C. 100 千克

D. 120 千克

实验步骤

1. 尼格买提坐进小车里，给拉动小车的装置配重 40 千克，打开启动装置后，小车不动。

2. 尼格买提坐进小车里，给拉动小车的装置配重 70 千克，打开启动装置后，小车向边缘滑动，但恰好停在木板边缘。

3. 尼格买提坐进小车里，给拉动小车的装置配重增加到 100 千克，打开启动装置后，人和小车一起飞出木板。

实验证明，正确答案为 B。

东风汽车

扫一扫
看配重为多重时，70 千克小尼乘坐的小车恰好停在悬崖边

原理探秘

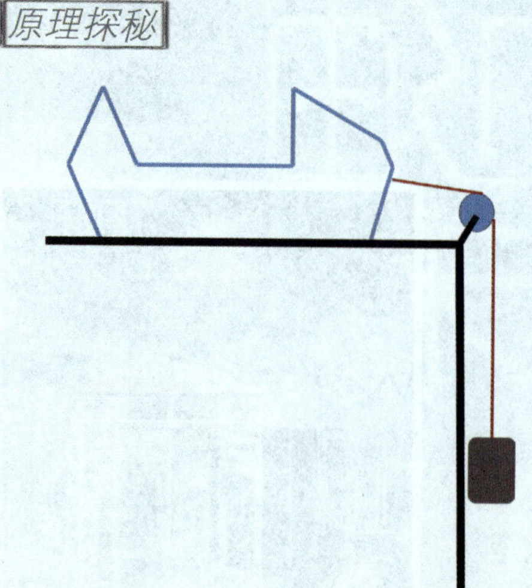

悬崖勒马实验装置图

拴在小车车头的绳索通过定滑轮连接在悬空的重物上。如果小车底面和平台之间的摩擦力比重物受到的重力小，重物就会下落，同时拉着小车冲向前方。

小车和平台之间发生滑动时，滑动摩擦力正比于接触截面垂直方向上受到的正压力 N，比例系数则由接触界面的性质决定，如两种相互接触材料的材质、软硬程度、粗糙程度等因素。我们可以用一个没有量纲的数——滑动摩擦因数 $\mu_{滑}$ 来表示这个系数，于是就有：

$$F_{滑动摩擦力}=\mu_{滑}\cdot N$$

要想让小车不冲出平台，就需要增大摩擦力。当接触界面两侧的材料不变时，可以近似地认为滑动摩擦因数是不变的，那么增加摩擦力的方法就是增大正压力。一方面，小车上坐的人的体重大一些时，摩擦力会大一点；另一方面，当小车车头绳子的固定点高于平台边的定滑轮，小车被拉近平台边缘时，绳子和水平面所成的角度变大，拉力向前的分量变小，向下的分量变大，摩擦力迅速增加，小车到平台边缘时绳子上的拉力几乎全部向下，摩擦力达到最大，小车在巨大摩擦力的作用下戛然而止。（陈征、吴宝俊）

专家视角

技术实验在人类历史上起的作用很大。正是由于人类发现了摩擦现象，比如钻木能够取火，人类才能够做熟的东西。

后来人类想办法把滑动摩擦减少，或者干脆发明了轮子，把滑动摩擦改成滚动摩擦，人类就从低速的时代进入了高速的时代，就能够坐在车上跑起来。再后来有了轴承，摩擦就变得更小了，我们就进入了现代社会。所以我们对摩擦的思考产生了现代自然科学，对摩擦的利用又产生了现代的工业。（张双南）

生活显微镜

什么是摩擦力

摩擦力对我们而言是一个既熟悉又陌生的概念。

说它熟悉是因为摩擦力在我们身边无所不在，从人类历史来看，使人类走向了文明的钻木取火，靠的就是摩擦生热取火。再到后来，车轮用滚动摩擦代替了滑动摩擦，解放了人类的生产力。再到后来，与摩擦密切相关的轴承的发明催生出现代工业文明。

说它陌生是因为我们一般人其实很难说清楚摩擦力的产生机制。大多数情况下我们可以认为相互接触的两个物体表面都不是绝对光滑的，有很多凹凸不平的地方。这些凹凸不平的地方相互咬合，形成阻碍运动的力，就是摩擦力。可有些时候，当物体光滑到一定程度，相互接触的表面原子或分子出现作用力时，摩擦也会增加。因此实际上摩擦力是一个非常复杂的东西，针对这个问题诞生了专门的学科——摩擦学。摩擦学是支撑工业发展的一个重要领域，同时它也深入到各个生活领域中。近十几年，中国在摩擦学领域的发展已经走到国际前列，特别是一些新方向，比如超滑、苛刻工况摩擦学、生物与仿生摩擦学等方向的研究已达到世界先进水平。

摩擦学

身边的摩擦力

我们向前走的每一步，都是依靠脚底或是鞋底与地之间的摩擦力。如果没有摩擦力（想象你站在光滑的冰面上），哪怕走出一小步，几乎都是不可能的。在道路上高速行驶的汽车，也离不开轮胎和路面之间的摩擦力，驱动轮上向前的摩擦力让汽车能够获得前进的动力，同时车身横向的摩擦力也让汽车能够顺利拐弯。如果车轮和路面的摩擦力不足，汽车不光动力受到影响，还有可能发生侧滑失控。

科技工作者们想出了很多办法来增加汽车轮胎和路面摩擦力。比如轮胎上各式各样的花纹，主要就是为了让路面上的水、沙石等高效地从花纹中排出，而不是在轮胎和路面之间变成“润滑剂”。

在机械工程中，如摩擦传动、摩擦离合器、摩擦式制动器和螺纹连接等的可靠性以及各种车辆的运输能力都取决于摩擦力大小。但同时摩擦也造成了巨大的浪费。世界上有$\frac{1}{3}$ ~ $\frac{1}{2}$的能源以各种形式消耗于摩擦，其中大部分未经做功而白白浪费掉了。

摩擦带来能量消耗，磨损造成材料损失及系统失效，而且摩擦和磨损还可能造成突发事故，发生危险。这些情况引起了科学家的高度重视，1966 年，英国教育部发表了关于摩擦学教育和研究的报告，由于没有利用已有的摩擦方面的知识，英国每年损失 5.15 亿英镑以上。因此该报告提议创立一个新学科，称为“摩擦磨损润滑学”，简称“摩擦学”。

目前，关于摩擦产生的原因及作用机制是研究者关心的问题。

从科学家大量研究可以看出，高中物理教科书中简单的摩擦现象蕴藏着丰富的科学内涵。摩擦力的产生原因除了接触面不平整引起的机械啮合外，还有微观下分子间的作用力，摩擦现象远比我们想象的复杂。

摘自：陆英，《基于摩擦现象的科学研究》，原文见《科学大众》2007 年第 1 期，第 97 页。

实验五 火爆虾侠

新课标知识点・动量与冲量

1 碰撞是自然界中常见的现象。与过去研究的大多数力学问题不同，碰撞的研究对象不是一个物体，而是两个（或多个）物体，这两个（或多个）物体组成了一个力学系统。

2 碰撞时两个物体之间一定有相互作用力，由于这两个物体是属于同一系统的，它们之间的力叫作内力。两个物体还会受到重力，如果放到桌子上，它们还会受到桌面的支持力和摩擦力。这些力是系统以外的物体施加的，叫作外力。

3 物体质量与速度的乘积叫作动量。如果碰撞过程中机械能守恒，这样的碰撞叫作弹性碰撞；如果碰撞过程中机械能不守恒，这样的碰撞叫作非弹性碰撞。

4 物理学中把力与力的作用时间的乘积叫作力的冲量。物体在一个过程中始末的动量变化量等于它在这个过程中所受力的冲量，这个关系叫作动量定理。

5 要使物体的动量发生一定的变化，可以用较大的力作用较短的时间，也可以用较小的力作用较长的时间。

实验操作台

实验情景

《加油向未来》的实验现场常常会有小动物做客，刚送走萌萌的小黄鸭和导盲犬，又迎来了一只来自海洋的超级实验员。与以往不同，这只小实验员凶巴巴的，一记隔山打牛，瞬间击碎了一支玻璃试管，这期间究竟发生了什么？

实验题目

关于雀尾螳螂虾的武器，以下哪个说法是正确的？

A. 毒液攻击，依靠自身颜色魅惑猎物，猎物靠近之后便注射毒液使其死亡

B. 死神镰刀，依靠它锋利的小镰刀钩住猎物使其毙命

C. 铁锤攻击，依靠大锤重击猎物，猎物非死即伤

实验步骤

1. 在水缸里放入几只猎物，观察螳螂虾在见到猎物之后采用什么样的攻击方式；由于事先改变了螳螂虾居住环境中的活石摆放方式，加之现场灯光声场和温度环境对于螳螂虾的影响，没有捕捉到螳螂虾攻击猎物的画面。

2. 在适宜螳螂虾生活且令它感受到安全的环境下，拍摄到螳螂虾对猎物出击的画面，通过慢放超高速视频观察螳螂虾攻击猎物的过程。

实验证明，正确答案为 C。

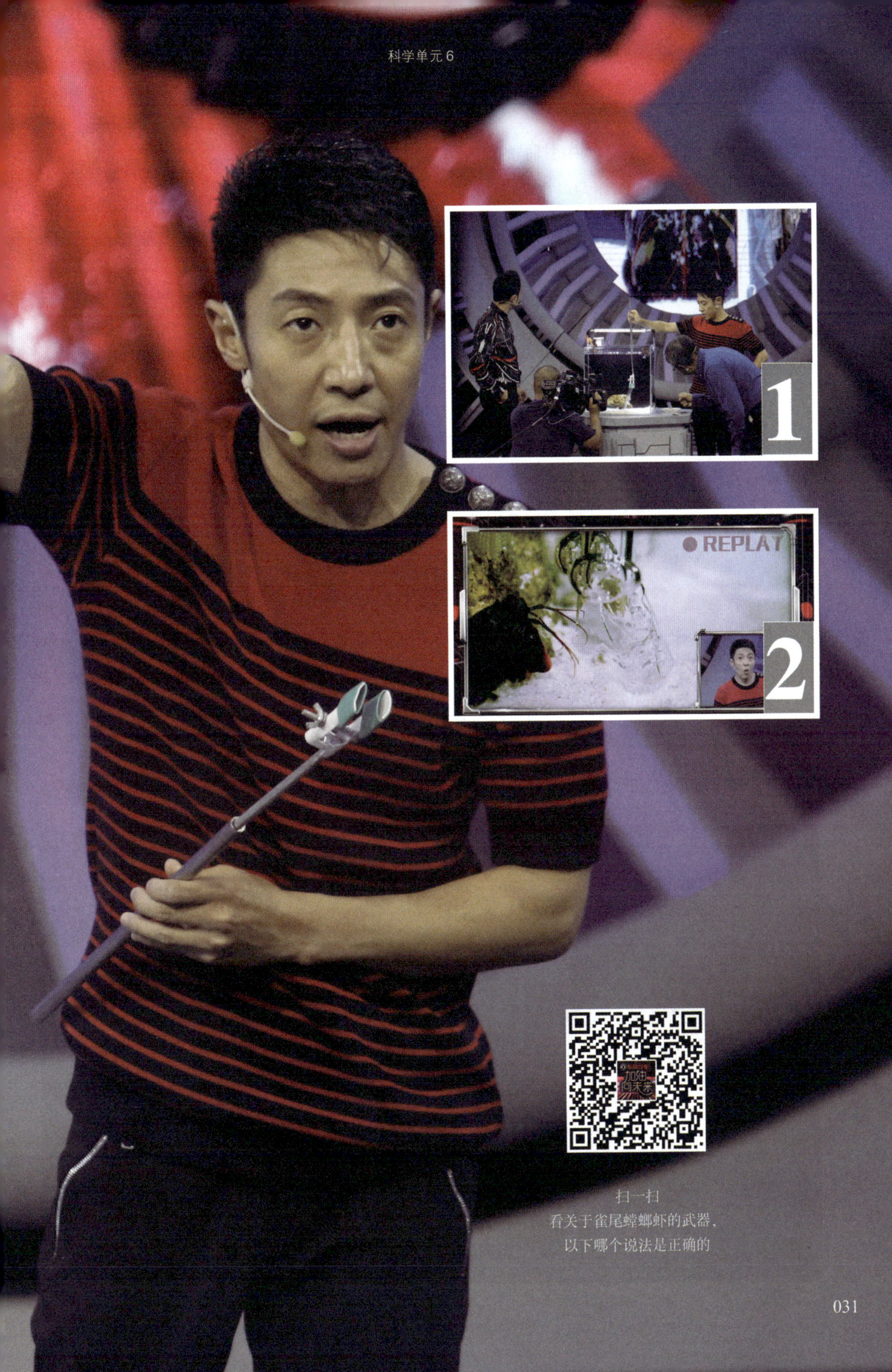

扫一扫
看关于雀尾螳螂虾的武器，
以下哪个说法是正确的

原理探秘

雀尾螳螂虾可以在 0.02 秒内将捕肢的前端弹射出去，最高速度能超过 22 米/秒（80 千米/时），瞬间加速度甚至能够超过一些小口径手枪发射子弹的加速度。在如此大的速度下，被螳螂虾的“大锤”击中的物体将受到双重的伤害。第一重是螳螂虾前肢的高速撞击；第二重是螳螂虾前肢从水中高速划过时，会形成一个接近真空的“空穴”，在水重新流回“空穴”时会产生巨大的冲击力，产生“水锤”。螳螂虾打击锤的冲击力和水锤（空穴）效应的叠加足以形成接近 600 牛顿的冲击力，加之接触点很小，产生的压强巨大，足以轻松打破玻璃试管。（陈征、吴宝俊）

专家视角

螳螂虾虽然名字叫“螳螂”，但是显然它跟螳螂不一样，它攻击是靠锤子。锤子的速度很快，带着前面的水过去，传递的冲量很大，在很短时间内就给管壁施加很大的压力。同时，锤子滑过去之后，形成一片短暂真空区，真空区后面的水在压力之下会往前涌，再次冲过去，又形成了一次水锤，前面是真锤子，后面是水锤，双锤作用之下，管壁就破了。（张双南）

生活显微镜

水管中的“咚咚”声是怎么来的

有时候我们突然关闭一个正在快速放水的龙头，会听到水管中传出“咚”的响声。这是因为水管里正在流动的水在惯性的作用下本来要继续前进，可突然被阀门阻止了，水是不可压缩流体，于是就会对阀门产生巨大的冲击力，就像用大锤砸向阀门一样。因此我们把这种现象叫作水锤效应。

水锤效应还有另一种表现方式。在水中，如果有一个物体以极快的速度穿过，因为速度太快，物体经过后被排开的水不能及时流回来，或是流

速过大导致压强急剧降低，此时就会产生一个“空穴”，这个“空穴”中压强非常小（只有极少量的从水中逸散出来的气体）。周围的水流在外界压力下会迅速地、几乎没有阻力地填充这个“空穴”，当这个空穴被填满的那一刻，具有一定速度（因为压力差较大，水流的速度很快）的水流被迫突然停止，就像被快速关闭的水龙头一样，水流的惯性同样会形成巨大的水锤，此时的水锤效应有时也被叫作“空穴效应”或“气穴效应”。

对于海上的轮船而言，“空穴效应”是需要极力避免的。轮船航行时，高速旋转的螺旋桨很容易在外缘（离轴较远，线速度较大的位置）处形成“空穴”，这个“空穴”在被水填充时产生的巨大冲击力，在金属制成的螺旋桨上常常留下“伤痕”，日积月累就会造成螺旋桨的损坏。对于特殊的船只——潜艇而言，“空穴”被填充时的冲击波还会形成巨大的“噪音”，导致潜艇声呐装置被干扰。

巧开罐头

新买来的罐头，盖子太紧拧不开怎么办？有经验的人会采用这样的办法：把瓶子倒过来，一手拿着瓶子，另一手在瓶底上狠拍一掌或狠砸一拳，再把瓶子正过来时盖子就容易拧开了。

这其实也是水锤效应的一个妙用。当我们在倒置的瓶底狠拍一掌时，瓶子会快速向下运动，而瓶子中的液体却由于惯性不会马上随着瓶子动。这时处在下面的瓶盖和瓶子里的液体间就出现了“空穴”，当液体随后填充空穴时，给瓶盖一个巨大的冲击力，让很紧的瓶盖发生松动，外界的空气进入少许，这样原本处于负压状态的瓶子内压力升高，瓶盖就变得不再那么紧，比较容易拧开了。需要注意的是，用这种方法开瓶盖时

一定注意瓶子是被悬空拿在手里的，如果把瓶子放在桌子上拍，瓶子无法产生向下的运动，“空穴”也就无法形成，那么即便你用了很大的力也难以奏效。

有一种看似气功的表演，表演者在玻璃酒瓶中盛水，一手拿着酒瓶，另一手用力拍瓶口就能将玻璃酒瓶瓶底震掉。这其实和开罐头一样，也是利用了水锤效应。

止回阀的防水锤作用

在热水供热系统中，为了减少事故停泵水锤，可以在循环水泵的压水管和吸水管之间设置一个带止回阀的泄压旁通管。

装置在泄压旁通管上的止回阀应选用阻力较小、开启灵活的产品。在循环水泵运行时，由于水泵出水侧水压高于吸水侧的水压，止回阀呈关闭状态。当突然停泵的瞬间，泵出水侧压力急剧降低，而吸水侧压力则大幅度增高，在此压差作用下，循环水泵吸水侧管路中的水即推开止回阀至泵出水侧的管网系统，从而降低了吸水侧管网中压力增高的幅度，进而减少和防止了水锤的危害。

摘自：刘珏，倪海桥等，《供热系统中止回阀的防水锤作用》，原文见《科技风》，2008 年第 2 期，第 12 ~ 14 页。

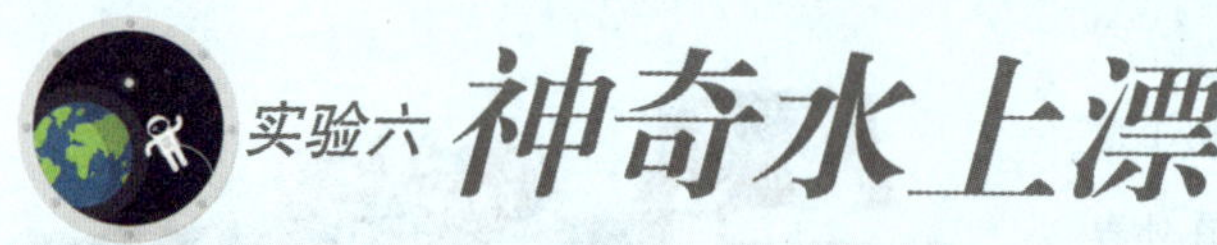

实验六 神奇水上漂

新课标知识点 · 光的反射和折射

1 光从一种介质射到两种介质的分界面时，反射光线与入射光线、法线处在同一平面内，反射光线与入射光线分别位于法线的两侧，反射角等于入射角。这就是光的反射定律。

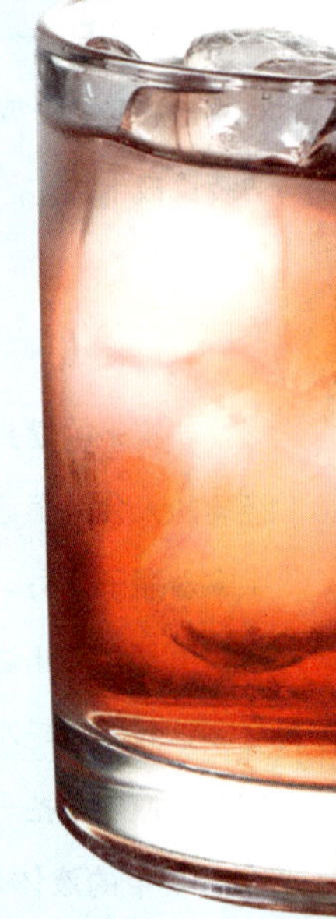

2 折射光线与入射光线、法线处在同一平面内，折射光线与入射光线分别位于法线的两侧，入射角的正弦与折射角的正弦成正比。和光的反射现象一样，在光的折射现象中，光路也是可逆的。

3 光从第一种介质射入到第二种介质时，入射角的正弦与折射角的正弦之比是个常数 n，它与入射角、折射角的大小无关，只与两种介质的性质有关。常数 n 是一个反映介质光学性质的物理量。常数 n 越大，光线从空气斜射入这种介质时偏折的角度越大。

4 光从真空射入到某种介质发生折射时，入射角的正弦与折射角的正弦之比，叫作这种介质的绝对折射率，简称折射率。

5 研究表明，光在不同介质中的传播速度不同，介质的折射率等于光在真空中的传播速度 c 与光在这种介质中的传播速度之比。

实验操作台

实验情景

在“尼普科夫圆盘”和“影子的颜色”两节实验中，我们已经对光的成像原理有了初步的了解。如果说，尼普科夫圆盘只是人眼睛主观的视错觉，那么这次实验呈现的光现象恰恰是独立于人的主观观察之外的客观事实。它简洁而朴素，在生活中随处可见，这就是光的折射。

实验题目

当激光射入装满甘油的大型旋转玻璃管内，会发生什么现象？

A. 激光沿直线传播

B. 激光射入后直接消失

C. 激光沿玻璃管形状旋转

实验步骤

1. 按顺序安放实验道具，水平安装大功率的激光发射器，在光线传播路线上安放 5 只黑色的气球，在气球另一侧的桌面上安装反光镜。

2. 在反光镜下放置盛有甘油的异形螺旋形的高硼硅玻璃管，玻璃管开口竖直向上指向反射镜，玻璃管另一开口同样竖直向上。

3. 开启激光设置开关，观察到绿色的

激光沿直线传播并依次射破 5 只气球。螺旋形的玻璃管呈现绿色，但激光经反光镜反射后并没有投射到桌面上，而是沿着玻璃管折射，玻璃管距离激光装置近的部分有着很亮的绿色，但玻璃管距离激光装置远的部分并没有很亮的绿色。

实验证明，正确答案为 C。

扫一扫

看当激光射入装满甘油的大型旋转玻璃管内，会发生什么现象

原理探秘

玻璃棒虽然是透明的，但由于它的外形相当于一个柱面凸透镜，光线透过玻璃柱时会发生折射从而使光线发生扭曲，因此我们能够分辨出玻璃棒。当把玻璃棒放进水里时，由于水的折射率（约为 1.33）比玻璃棒（我们使用的硼化玻璃棒折射率约为 1.47）要小很多，因此凸透镜效应依然存在，光线透过时发生的弯曲很容易让我们看到。而当我们把玻璃棒放入甘油中时，因为甘油的折射率和玻璃棒非常接近，光在透过时几乎不发生弯曲，所以我们很难发现透明玻璃棒的存在，从而达到了魔术般的隐形效果。（陈征、吴宝俊）

专家视角

水和玻璃的折射率不一样，所以光线经过水之后再经过玻璃，我们就看到了光线在玻璃里面拐弯。甘油的折射率和玻璃的折射率是一样的，光线穿过甘油照到玻璃上，再从玻璃直接穿过去，并不拐弯。

激光射入玻璃管的实验。这个装置简单来讲就是一个光纤。对于光纤来说，第一，介质要透明，光在里面尽可能不损失掉；第二，它的折射率要比空气折射率大，而且越大越好，这样可以保证光线在里面全反射，便于存储、运输各种信息。

甘油的折射率和玻璃差不多，但是透明度不是很好。所以，激光没有能够完全出来，在里面损耗掉了一部分。实际的光纤里，我们追求尽可能地减小它的损耗，但是总会有一些损耗，所以有的时候也会有装置进行接力再放大。

2009 年的诺贝尔物理学奖授给了光纤技术，这个技术的发明人是华裔物理学家高锟教授。他从 1957 年就开始从事这个方面的研究，到 60 年代初的时候就提出了利用光纤来替代我们通常的电线来传递信号。到今天，这个技术已经非常普及了。

现在我们国家的光纤制造技术在国际上是比较先进的。我们现在能实现的最快传输速率是 400TB/s，400TB 是什么意思？我们知道一张照片通常是几个 MB；1000MB 大约是 1GB；1000GB 大约是 1TB。（张双南）

生活显微镜

光为什么会弯折

光在真空中的传播速度是我们这个世界上最快的速度，达到 c_0=299792458 米 / 秒（约 3×10^8 米 / 秒）。这是我们宇宙中最快的速度，无论物质、能量还是信息，传播速度都不会比光速更快。在光经过介质时，由于光和物质存在相互作用，光会被物质的原子吸收，再放出，这个过程需要时间，拖慢了光在介质中传播的速度，因而介质中的光速会低于真空中的光速。

当光从一种介质进入另一种介质时，光波在界面两侧和两种不同介质的原子相互作用情况不同，从而导致了光传播方向发生改变，这就是光的折射。

简单说，光的折射率和光在介质中的速度成反比，即 $n=\frac{c_0}{v}$，其中 n 为介质的折射率，c_0 是真空中的光速，v 为介质中的光速。

古诗词中的折射现象

光的折射在生活中的应用无处不在。我们佩戴的眼镜、照相机的镜头、折射式望远镜、光学显微镜的目镜和物镜等等都利用了光的折射。大自然中也有很多折射现象，古人虽然没有今天的科学知识，但也注意到了这些现象。我们从古诗词当中就能看到一些端倪。

钓鱼湾

唐·储光羲

垂钓绿湾春，春深杏花乱。
潭清疑水浅，荷动知鱼散。
日暮待情人，维舟绿杨岸。

诗中“潭清疑水浅”一句就是光在空气和水的界面发生折射，从而造成潭水看上去比实际浅的假象。

渡荆门送别

唐·李白

渡远荆门外，来从楚国游。
山随平野尽，江入大荒流。
月下飞天镜，云生结海楼。
仍怜故乡水，万里送行舟。

诗中“云生结海楼”所说的海市蜃楼现象，就是光在密度不均匀的空气中发生折射而产生的现象。

和科学天才比一比

第 6 期 科学猜想王

刘东泽，16 岁，人大附中朝阳学校高二学生，激光少年，获第 32 届（2017 年）全国青少年科技创新大赛中国科协主席奖。

扫一扫，和科学天才比一比

1. 中国贵州的 500 米口径球面射电望远镜，也被称为“天眼”，形似一口大锅。请问，如果遭遇大雨，这口大锅如何处理积水问题？

A. 这口锅有许多缝隙，水会漏下去

B. 锅有蓄水装置，可以收集雨水并加以利用

C. 前两个选项都对

2. 指甲、牙齿和头发，从化学组成角度看，下列分类合理的是哪一项？

A. 牙齿与头发

B. 指甲与牙齿

C. 头发与指甲

3. 我们平时用的液晶显示屏，以下解释正确的是哪一项？

A. 液晶通电发光，形成像素

B. 液晶通电有序排列，调节光通过

C. 液晶通电温度改变，颜色改变

4. 中国自行研发、具有完全自主知识产权的中国标准动车组“复兴号”于 2017 年 6 月 26 日在京沪高铁两端双向首发，时速 400 千米，可将北京南站到上海虹桥站的时间缩短至 4 小时以内。关于复兴号，以下说法不正确的是：

A. 复兴号最高时速超过声速

B. 复兴号车厢内有 WiFi 网络全覆盖

C. 复兴号出现异常可自动预警并限速停车

5. 关于 3.14159265，以下哪个说法正确？

A. 这是圆周率 π

B. 它约等于圆周长除以直径

C. 它的下一位数是 3

6. 风暴测试仪是一种仪器，可以在海上提前 15 个小时预测风暴方向和强度，对航海和渔业的安全都有重要意义。请问风暴预测仪是根据哪种生物的生理特征发明的？

A. 鲨鱼

B. 海豚

C. 水母

7. 你知道柿饼上的白霜是什么吗？

A. 是制作过程中撒的淀粉，起到防粘连的作用

B. 是制作时柿子析出的淀粉和糖分

C. 是细菌的分泌物，但对人无害

8. 下雨天，雨滴砸在蚊子身上，就像汽车砸在人身上，可上天不公平，为什么蚊子不会被砸死？关于蚊子不会被雨滴砸死的原因，下列哪个是不正确的？

A. 蚊子全身覆盖疏水细毛，与雨滴保持分隔状态

B. 蚊子腿部有绒毛，可探测流动的空气进行预警

C. 蚊子以柔克刚，顺着雨滴下落，躲过致命一击

1. 答案：A. 这口锅有许多缝隙，水会漏下去

解析：FAST 位于贵州省黔南州平塘县，如遇暴雨，会遭遇底部积水。因此底部修建有排水隧道，将水排走，以保证望远镜正常运行。此外，镜面并非严丝合缝的大锅，而是由小块镜面拼接而成，预留了排水缝。

2. 答案：C. 头发与指甲

解析：牙齿属骨骼，主成分是磷酸钙，耐高温，我们补钙就是用来强健骨骼的；指甲和头发在不断生长，是一种蛋白质，燃烧会放出难闻气味。

3. 答案：B. 液晶通电有序排列，调节光通过

解析：液晶只是一种特殊结构的化学分子，不发光，显示器还需配 LED 灯作为光源。

4. 答案：A. 复兴号最高时速超过声速

解析：复兴号车厢内有 WiFi 网络全覆盖，并有智能化感知系统，列车出现异常时，可自动报警或预警，并能根据安全策略自动采取限速或停车措施。声速约为每小时 1200 千米，复兴号时速并没有大于声速。

5. 答案：B. 它约等于圆周长除以直径

解析：圆周率 π 是无限不循环小数，前 10 位数字为 3.141592653，其近似值 3.14159265 是一个普通小数，约等于圆周长除以直径。

6. 答案：C. 水母

解析：水母早在 5 亿年前就漂浮在海洋里。海上风暴来临之前，水母特殊的听觉系统可以听到海浪与空气摩擦产生的次声波。科学家根据水母的特性发明了风暴预测仪。当接收到风暴的次声波时，旋转 360° 的喇叭会自行停止旋转，它所指的方向，就是风暴前进的方向，指示器上的读数可告知风暴的强度。

7. 答案：B. 是制作时柿子析出的淀粉和糖分

解析：柿饼表面覆盖的一层薄厚均匀的白霜，是果肉干燥时随水分蒸发而渗出的葡萄糖和果糖的凝结物，入药称柿霜，堪称柿饼的精华。

8. 答案：B. 蚊子腿部有绒毛，可探测流动的空气进行预警

解析：蚊子的腿部有绒毛，但并不具备雷达般的探测功能。蚊子尽管轻巧，在空中飞行时偶尔也会被雨滴砸中。在遭遇雨滴时，蚊子会顺着雨滴下落，然后做出侧身翻滚等高难度飞行动作，躲过致命一击，恢复正常飞行。此外，蚊子身上的疏水细毛会使其与雨滴保持分隔状态，可以轻松摆脱雨滴。

科学单元 7

现在都已经不用蓝图了，当年制图学有一个蓝图的配制方法，我记得很清楚。当时按这个配制法到药店买了柠檬酸铁铵，又买了铁氰化钾。回到家里，自己用红领巾把灯泡裹起来，使它变成红灯，然后把这两个药水调好，再用刷子刷在白色的纸头上弄好，摆在我抽屉里。第二天把我照片的底片用玻璃夹在那个纸头上，摆在太阳底下晒，晒了 10 分钟之后，把纸头用水一洗，就洗出来蓝色的照片。既然可以晒图纸，那我也可以晒照片，这样我就做出了蓝色照片，非常高兴。

对理科的学生来说要有文学修养；对于文科的学生来说，也要有一定的科学修养，尤其在今天的社会里更是如此。科学界非常发达，你如果念中文系，对科学一点儿都不懂，那么你的作品就不能够全面地反映我们的社会生活。

科普文艺作家

上海作家协会一级作家

叶永烈

叶永烈

实验一 人体导电

新课标知识点 · 电流和电路

1 金属里面有大量自由电子，它们可以自由移动。平时，金属内自由电子运动的方向杂乱无章，但是接上电池之后，它们受到了推动力，就会做定向移动，电荷的定向移动形成电流。

2 回路中有电流时，发生定向移动的电荷可能是正电荷，可能是负电荷，还有可能是正、负电荷同时反方向发生定向移动。

3 在 19 世纪初，物理学家刚刚开始研究电流时，并不清楚在各种情况下究竟是哪种电荷在移动，当时就把正电荷定向移动的方向规定为电流的方向。

4 导体虽然容易导电，但是对电流也有一定的阻碍作用。在相同的电压下，通过铜丝的电流较大，表明铜丝对电流的阻碍作用较小；通过镍铬合金丝的电流较小，表明镍铬合金对电流的阻碍作用较大。

5 物理学中，用电阻来表示导体对电流阻碍作用的大小。导体的电阻越大，表示导体对电流的阻碍作用越大。

6 提供电能的装置叫作电源，消耗电能的装置叫作用电器。电源、用电器、导线和开关可以组成电路。只有电路闭合时，电路中才有电流。

实验操作台

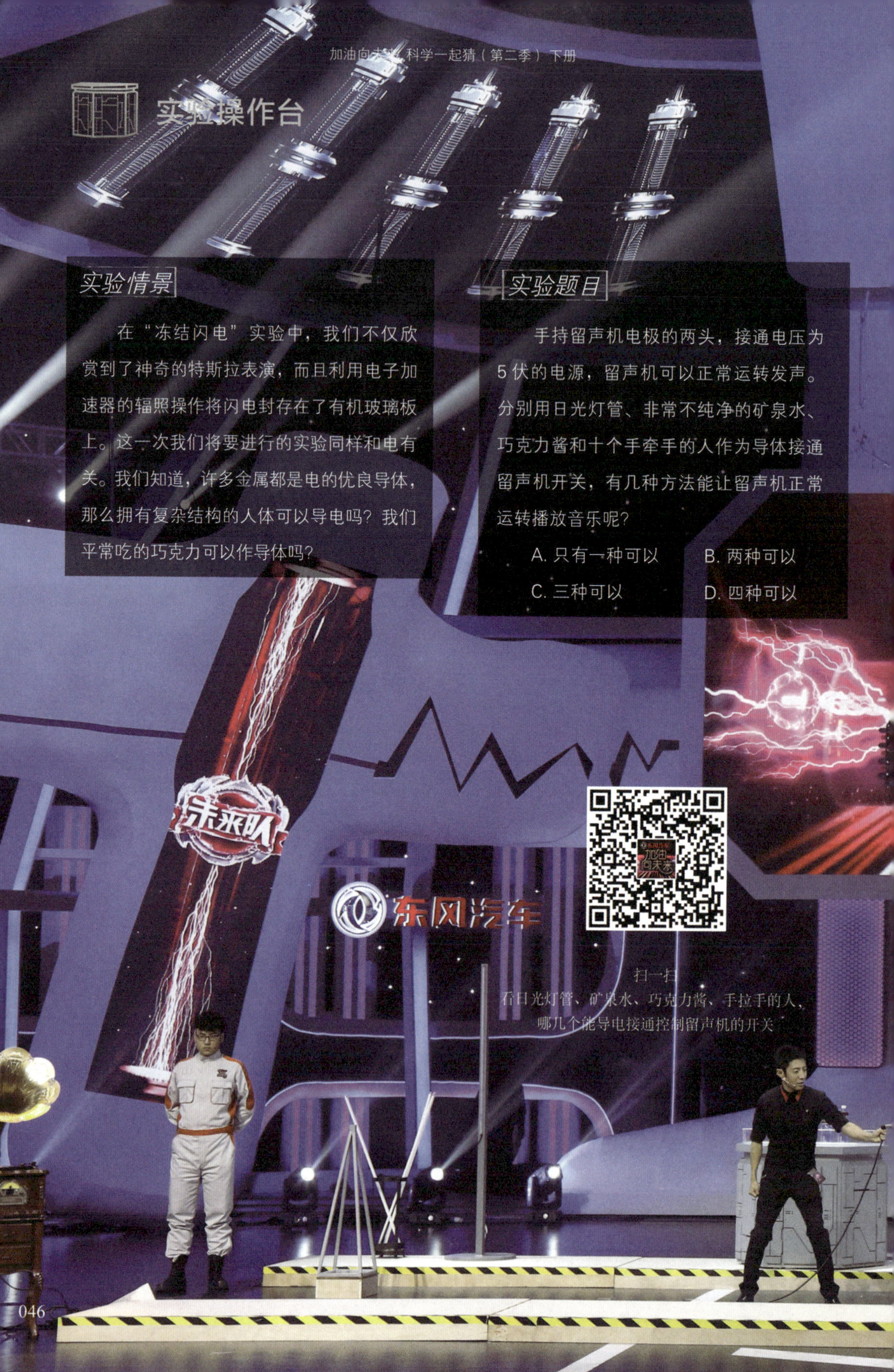

实验情景

在“冻结闪电”实验中，我们不仅欣赏到了神奇的特斯拉表演，而且利用电子加速器的辐照操作将闪电封存在了有机玻璃板上。这一次我们将要进行的实验同样和电有关。我们知道，许多金属都是电的优良导体，那么拥有复杂结构的人体可以导电吗？我们平常吃的巧克力可以作导体吗？

实验题目

手持留声机电极的两头，接通电压为5伏的电源，留声机可以正常运转发声。分别用日光灯管、非常不纯净的矿泉水、巧克力酱和十个手牵手的人作为导体接通留声机开关，有几种方法能让留声机正常运转播放音乐呢？

A. 只有一种可以　　B. 两种可以

C. 三种可以　　D. 四种可以

扫一扫

看日光灯管、矿泉水、巧克力酱、手拉手的人，哪几个能导电接通控制留声机的开关

实验步骤

1. 实验员手持电极接触日光灯管的两端，留声机没有任何反应。

2. 实验员将电极插入盛有不干净的矿泉水水槽里，留声机很快转动起来并发出声音。

3. 十个人手拉手，将金属电极放到左右两侧志愿者的手中，留声机很快转动起来并发出声音。

4. 将巧克力酱接触电极的两端，留声机没有任何反应。

实验证明，正确答案是 B。

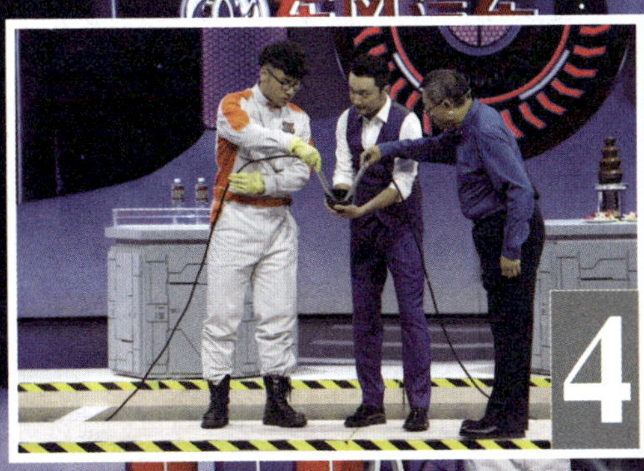

原理探秘

一个物体是不是能够导电，要看这个物体内部有没有能够自由移动的带电粒子。当这些带电粒子集体向一个方向运动时，就形成电流。这里的带电粒子可以是电子也可以是离子。比如金属能够导电，是因为里面有大量的能够自由移动的电子，而食盐水能够导电，是因为里面的盐溶解后形成大量可以自由移动的钠离子和氯离子。

在本实验当中，矿泉水里溶解的矿物质都是以离子的形式存在，也就是说这些矿质粒子都是带电的，而且它们能够在水里自由移动，因而矿泉水能够导电。巧克力的主要成分是可可脂和糖，这些物质在熔融巧克力中以不带电的分子形式存在，所以不会导电。而在我们人体中，占主要成分的血液和体液，里面都溶有盐，存在大量的带电离子，所以人的身体是能够导电的。（陈征、吴宝俊）

专家视角

从科学原理上来讲，在物体里面、介质里面有流动的电子或者离子，它就会导电了。

当我们用金属来接通两个电极的时候，由于金属的电阻很小，所以会瞬间产生大量的电流。如果把手放到两个电极之间，虽然人体电阻比较大，但还是会有电流会经过。电流经过身体，在身体里面发热，热得太厉害，身体就会受到损伤，这就叫触电了。

有时候人接触到高压的东西，但是并不会真的触电，原因就在于要制造出不导电的情况，就像鸟站在高压线上没事，是由于它跟高压电线属于同一个电位。当然人最好不要这么做，因为人很有可能在别的地方会连到导电的东西。

大家一定要注意用电的安全。（张双南）

生活显微镜

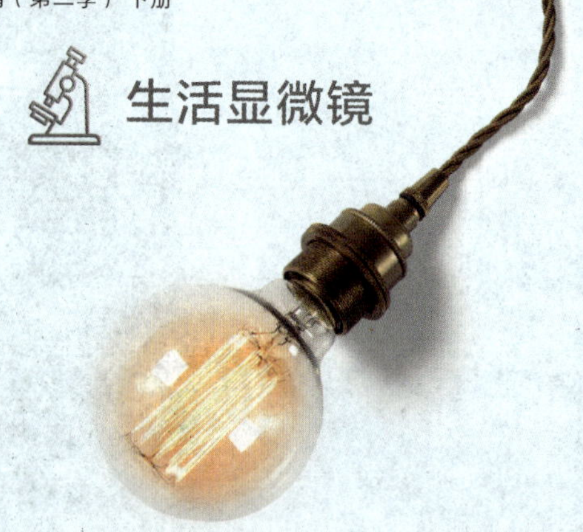

人体电阻

不同的东西，导电能力是不一样的。我们用电阻来表示物体导电能力的大小，它的单位是欧姆。一根 1 米长的、直径为 1 毫米的铜导线的电阻不到 0.01 欧姆，一根 HB 铅笔芯的电阻大约有 10 欧姆，一个 60W 白炽灯泡的灯丝电阻大约有 800 欧姆。电阻越大的物体，意味着对电流的“阻力”越大，它导电能力就越差。反之电阻越小的物体，它对电流的“阻力”就比较小，它导电能力就强。

物体电阻的大小和三个因素有关：一是材料本身的性质，比如铜就比铝导电性好，铝又比铁导电性好；二是物体在电流流过方向上的长度，长度越长电阻就越大；三是物体的横截面积（垂直于导电方向），横截面面积越小电阻越大。

你可以想象 A、B 两地之间有一条沥青铺成的平坦道路（材料本身导电能力好），道路非常宽阔（物体横截面大），两地之间距离还很近（物体长度短），那么一天之内能从 A 地到 B 地的车辆就很多（电流大）；反过来如果这是一条狭窄（物体横截面小）、泥泞的土路（材料本身导电能力差），A 和 B 的距离还非常遥远（物体长度长），那么一天之内能从 A 地到 B 地的车就少得多了（电流小）。

人虽然能够导电，但是能够承受的电流却很小。电流的单位是安培，一般我们手机充电时的电流大约就是 1 安培。而人体能够承受的最大电流极限只有 0.03 安培（交流电）或 0.05 安培（直流电），超过这个限度人就会没命。对于绝大多数人来说，超过 1 毫安（0.001 安培）的电流就会明显感受到触电的疼痛，而点亮一个小小的发光二极管需要的电流也要 10 毫安（0.01 安培）左右。

一般人体的电阻在几千欧姆到几百万欧姆，为了保证安全，国家规定人体安全电压为 36 伏特。电流等于电压除以电阻，这样在安全电压下经过人体的电流最大也不会超过 1 毫安。那么为什么有些“奇人”却能够用身体通电来烤鱼烤虾呢？

其实这些“奇人”是偷换了一个概念。这些“奇人”和我们普通人的区别在于，他们的电阻比普通人大一些（人体电阻最大的部分是皮肤表面的角质层，皮肤表面粗糙、角质层厚的人，也就是俗称茧子厚的人电阻就会比普通人大），因此他们能承受的电压比我们高一些，但他们能承受的电流并不比我们大多少。所谓通电烤鱼烤虾，其实他们只是和烤鱼或者烤虾的电路并联，仿佛在一条大河（烤鱼烤虾的电路）旁边挖了一条与之并排的小水沟（人体通电的电路），水沟中流水的多少只取决于两端水面的高差和水沟本身的大小，跟大河流水基本没有关系，那烤鱼烤虾的电流根本就没有经过“奇人”的身体。

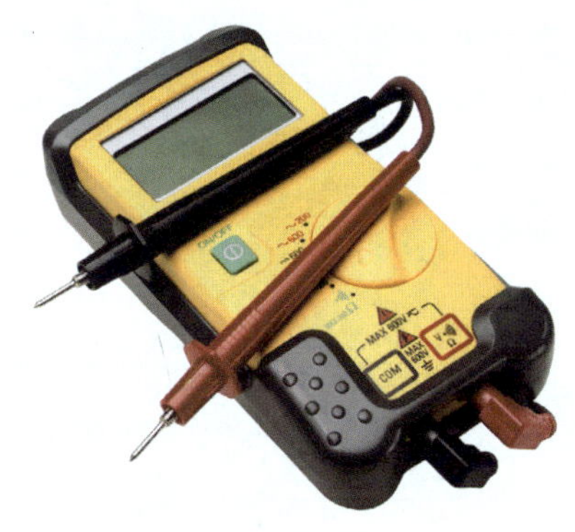

伏打

伏打在当时意大利著名的帕维亚大学经过多年闭门研究有了新的发现。他将一个金属锌环放在一个铜环上（银环更好），再用一块浸透盐水的纸或呢绒环压上，再放上锌环、铜环，如此重复下去，叠成了一个柱状，便产生了明显的电流。这就是后人所称的伏打电堆或伏打柱。伏打柱叠得越高，电流就越强。

这是为什么呢？原来伏打经过实验创立了一个了不起的电位差理论。就是说不同金属接触，表面就会出现异性电荷，也就是说有电压。只要有了电位差、电势差，即电压，就会有电流。这样人们对电的认识一下子就跳出了静电的领域，就不再是摩擦毛皮上的电，雷雨中的电，也不只是动物身上的电，而是能够控制的、流动的电。伏打电堆也就成了最早的电池、电流发生器。人们为了纪念伏打，便以他的名字“伏”来作电压的单位。

摘自：王瑜，《我们是怎样认识电流现象的》，原文见《农村实用科技（青少年科学探究版）》，2007 年第 3 期，第 22 页。

实验二 大货车盲区与内轮差

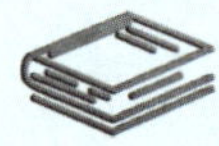

新课标知识点·空间中直线与平面之间的关系

1 有些几何图形（如长方体、正方体、圆柱、圆锥、球等）的各部分不都在同一平面内，它们是立体图形。有些几何图形（如线段、角、三角形、长方形、圆等）的各部分都在同一平面内，它们是平面图形。

2 对于一些立体图形的问题，常把它们转化为平面图形来研究和处理。从不同方向看立体图形，往往会得到不同形状的平面图形。在建筑、工程等设计中，也常常用从不同方向看到的平面图形来表示立体图形。

3 我们常用三视图和直观图表示空间几何体。三视图是观察者从三个不同位置观察同一个空间几何体而画出的图形；直观图是观察者站在某一点观察一个空间几何体而画出的图形。

4 光是沿直线传播的，由于光的照射，在不透明物体后面的屏幕上可以留下这个物体的影子，这种现象叫作投影。我们把光由一点向外散射形成的投影叫作中心投影，中心投影的投影线交于一点。在一束平行光线照射下形成的投影叫作平行投影。

5 探索在某种变换下的不变量或不变关系，是数学研究的重要问题。借用物理学中的名词，我们把“保持距离不变”的映射称为平面刚体运动。在平面刚体运动的作用下，物体的形状和大小都保持不变。

实验操作台

实验情景

我们每天都会参与交通，交通安全常识是我们每个人都应该掌握的基础常识。许多人都知道，汽车在转弯过程中存在动态盲区，驾驶人员只有小心谨慎驾驶才能避免发生交通事故。张双南教授认为，动态盲区的形成与汽车“内轮差”存在一定联系，究竟是怎么回事呢？

扫一扫

看重型卡车沿规定轨迹右转弯行驶到终点，此过程中哪个物体是安全的

实验题目

十字路口沿重卡行驶轨迹在人行横道边缘布放假人、婴儿车，在非机动车道布放自行车。专业司机驾驶车长为 15.7 米的重卡按指定路线右转过程中，哪一个物体是安全的？

A. 假人

B. 婴儿车

C. 自行车

D. 以上均不安全

实验步骤

1. 模拟布置十字路口现场：假人、婴儿车放置于人行横道边缘，自行车放置于非机动车道。

2. 专业司机驾驶重卡汽车按照既定路线驾驶汽车通过十字路口，卡车依次撞到假人、婴儿车、自行车。

实验证明，正确答案为 D。

1

2

原理探秘

优秀的汽车驾驶员需要眼观六路，耳听八方，然而不论驾驶员的技术多么高超，只要车辆本身不是完全透明的，就总有驾驶员从驾驶舱内看不到的地方，这些地方就是车辆的盲区（事实上驾驶员通过车窗能看到的区域非常有限）。

一般来说，车辆的盲区分为车前盲区、两侧盲区（也叫后视镜盲区）、车后盲区、AB 柱盲区以及一些遮挡物造成的盲区。车前盲区是汽车引擎盖、中空台的遮挡导致的；车辆两侧被车门遮挡，同时又不在后视镜视野之内的范围就是两侧的盲区，因此也常叫作后视镜盲区；车辆后面无法通过车窗看到的部分就是车后盲区；支撑车顶形成车窗框架的 A、B、C 柱虽然看起来细，但实际上也足以挡住一个人，使驾驶员无法看见。此外，有一些车窗附近摆放的装饰物（比如一些绒布玩具）也会挡住驾驶员的一部分视野，这就会形成人为的盲区。

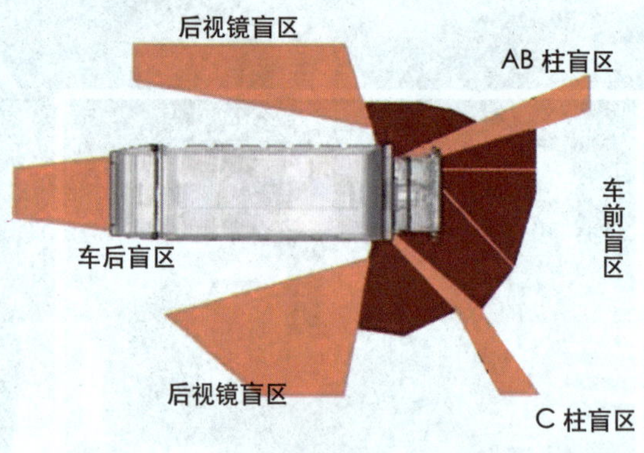

车辆拐弯时，为保证各个车轮和地面之间不发生相对滑动，也就是我们俗称的“硬蹭”，所有车轮走过的路径都要形成一组同心圆。换句话说，车辆拐弯时，后轮并不会沿着前轮的轨迹行进，而是沿着一个半径比前轮轨迹半径小的圆行进，这种前后轮轨迹有差异的现象叫作“内轮差”。车辆在拐弯时车身会扫过后轮轨迹以外、前轮轨迹以内的内轮差区域，如果人或物体处于这个区域内，就会和车辆发生剐蹭，造成危险。

内轮差的大小主要和两个因素有关，一是前后轮的距离，二是转向时车轮的偏转角度。前后轮距离越大，内轮差就越显著，转弯时车轮的偏转角度越大，内轮差反而越小。

内轮差现象对所有车辆而言都存在，只是对于普通小轿车而言，多数车前后轮距离都在 3 米以内，内轮差表现得不明显，而对于长达 8 米、10 米甚至更长车体的大货车而言，内轮差非常明显。而且内轮差的区域往往处于车辆的后视镜盲区内，驾驶员很难观察到这个区域，因而很容易造成危险。因此当你在转弯处遇到大货车时，应该尽可能远离它，避免因内轮差而引发事故。（陈征、吴宝俊）

专家视角

汽车转弯时前后轮轨迹不重复，这种前后轮轨迹有差异的现象就是内轮差。汽车是靠前轮拐弯，打方向盘的时候是前轮转，后轮始终和车厢平行。车在拐弯的时候，要想前后轮都不打滑，每一个轮都得走一个圆，前后轮走的圆半径不同。这个半径差多少完全取决于方向盘能打多大的角度。极端的情况是方向盘打 90 度，完全垂直转弯，后轮转的半径是 0，它实际上是原地打转。

不管方向盘能打多大的角度，这个现象总是存在的。所以我们要避免站在这两个区域之间，这两个区域之间显然要被车撞到，而这个区域恰好是车辆的盲区。（张双南）

生活显微镜

克服盲区的助手——倒车雷达

对驾驶员而言，倒车可能是对盲区感受最明显的时候。

随着近代技术的发展，出现了倒车雷达这种辅助装置。它可以通过声音或者显示提示，告诉驾驶员车后障碍物的情况。使驾驶员能够准确地把握视觉盲区中的情况，避免出现危险。

倒车雷达大体分为三种：一种是超声波测距雷达，一种是微波雷达，还有最新的无人驾驶汽车上使用的激光雷达。

因为超声雷达结构最为简单，成本也最低，所以通常普通车辆上使用的最普遍的是超声雷达。超声雷达的原理是用一个超声发生器发射出大约 4 万赫兹（每秒钟振动 4 万次）的超声波，超声波到达物体上反射回来，被传感器的探测装置接收。倒车的时候，车的运动速度远小于声速，倒车雷达探测的范围又不太远，那么一个超声波信号从倒车雷达的超声发生器发出，到抵达障碍物再返回探测器的过程中，车的移动可以忽略。于是我们只需要检测出超声发出的时刻和接收到的时刻之间的时间差，再乘以空气当中声音的速度（330 ~ 340 米 / 秒），就知道超声波信号从发出到到达障碍物，再反射回探测器走过的总路程。这个总路程的一半就是超声探测器距障碍物的距离。

无人驾驶汽车的眼睛——摄像头、激光雷达和毫米波雷达

也许你会觉得无人驾驶汽车只需要一个摄像头作眼睛就可以了。但实际上摄像头和我们人的眼睛是有很大差距的。车辆行驶不能只看到一个平面的画面，还需要对纵深有所判断。我们人眼可以通过双眼视觉形成对空间立体感的判断，而利用摄像头做到这一点却非常难。摄像头可以分辨出哪是房子，哪是电线杆儿，哪儿有障碍物，哪儿没有障碍物，却很难知道这些障碍物的空间位置和尺寸，也不知道它们离车到底有多远。因此必须辅以激光雷达，利用激光雷达来准确获取周边环境物体的三维信息。此外，激光雷达相比摄像头还有一个巨大的优势，就是摄像头在晚上没有外界光照的情况下就无法使用，而激光雷达是自己发出光脉冲，所以它不受昼夜光照的影响。而且因为激光的直线性好，能够飞得很远而不发散，因此它能探测的距离也很远。

激光雷达的原理和超声波雷达非常相似，也是利用测量从激光脉冲发出到抵达障碍物后反射回探测器的时间。不过我们知道光的速度是每秒钟将近 30 万千米，比声速快 100 万倍，它的灵敏度远远高于超声雷达，并且在很大范围内都有很高的精度。

激光雷达和摄像头有一个共同的缺陷，就是当遇到雨雾天气的时候，由于雨雾对光线的遮挡散射等影响，激光雷达和摄像头都不能有效获取周边环境的信息。这个时候就要用到毫米波雷达了。所谓毫米波，就是一种波长在毫米量级的电磁波。

毫米波雷达的工作原理和超声雷达、激光雷达的原理相似，也是发出一个脉冲信号，通过检测脉冲信号到达障碍物返回的时间来测量距离。由于毫米波的波长比可见光波长长很多（光也是一种电磁波，光的波长在 400 ~ 760 纳米），它能够有效地绕过雨雾这些障碍物，所以雨雾天气时，毫米波雷达就可以充当无人驾驶汽车的眼睛。

实验三 小学生拉磁悬浮列车

新课标知识点 · 电与磁

1 磁极间相互作用的规律是：同名磁极相互排斥，异名磁极相互吸引。一些物体在磁体或电流的作用下会获得磁性，这种现象叫作磁化。磁体周围存在着看不见、摸不着的一种物质，我们把它叫作磁场。

2 把一根导线绕成螺线管，在螺线管内插入铁芯，当有电流通过时，它会有较强的磁性。这种磁体在有电流通过时有磁性，没有电流时就失去磁性。我们把这种磁体叫作电磁铁。

3 如果导线在小磁针上方并且两者平行，当导线通电时，磁针发生偏转；切断电流时，磁针又回到原位。通电导线周围存在与电流方向有关的磁场，这种现象叫作电流的磁效应。

4 匝数一定时，通入的电流越大，电磁铁的磁性越强；电流一定时，外形相同的螺线管，匝数越多，电磁铁的磁性越强。目前许多国家在研制高速磁悬浮列车，其上所用的磁体大多是通有强大电流的电磁铁。

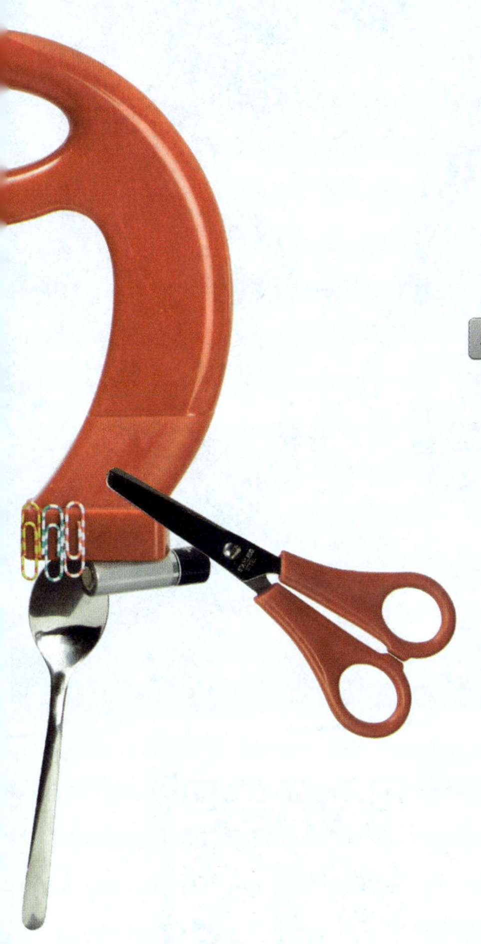

5 磁悬浮列车的车厢和铁轨上分别安放着磁体，磁极相对。由于磁极间的相互作用，列车能够在铁轨上方几厘米的高度上飞驰，避免了来自车轮与轨道之间的摩擦力。

实验操作台

实验情景

在“悬崖刹车”实验中，我们共同见证了摩擦的神奇力量。这一次，我们将会呈现没有摩擦力的世界。悬浮在半空中的磁悬浮列车与轨道没有任何接触，4 名小朋友将拉动整列磁悬浮列车让它跑起来，他们能做到吗？这和牛顿定律又有什么联系呢？

实验题目

4 名小朋友在 30 秒的时间里用力拉整列磁悬浮列车，列车会怎么样？

A. 静止不动

B. 移动但不超过 1 米

C. 移动 1 ~ 2 米

D. 移动 2 米以上

扫一扫
看 4 名小朋友在 30 秒的时间里用力拉整列磁悬浮列车，列车会怎样

实验步骤

1. 启动磁悬浮列车，使得磁悬浮列车悬浮并静止于空中；

2. 4 位小实验员不懈努力，在 30 秒内成功拉动 134 吨的磁悬浮列车，向前移动了 2.1 米。

实验证明，正确答案是 D。

原理探秘

磁悬浮列车技术是利用磁场将列车悬浮在轨道上的一种技术。列车运行时和轨道之间没有接触，因而没有摩擦，只受到空气阻力的作用。当列车的速度很低时，空气阻力很小，可以忽略。

牛顿第二定律告诉我们，如果一个物体不受阻力作用的话，哪怕这个物体非常重，只要给它施加一个力，即便是很小的力，这个物体的运动状态也会发生改变。对于我们这台磁悬浮列车，当它处于悬浮状态的时候，由于阻力小到可以忽略，所以几个孩子就能把它拉动起来。列车加速的快慢正比于孩子们的拉力，反比于列车自身的重量。两次实验中，列车本身的重量没变，那么列车加速的快慢，就取决于孩子们的拉力大小，在相同的时间内前进的路程也和孩子们的拉力成正比。所以当孩子从 8 个减到 4 个的时候，拉力减小一半，列车前进的路程也大约缩短一半。（陈征、吴宝俊）

专家视角

磁悬浮从原理上来讲并不复杂，我们都知道磁铁同极相斥，异极相吸。利用磁场或者磁铁之间的相互作用，就可以使得两个东西相互远离，不产生接触。根据磁场产生的方式，有不同的磁悬浮。磁场可以用磁体、用垫圈，或者用超导体来产生。

人推一辆悬浮列车，一开始对抗的是惯性。列车悬浮着，与轨道之间没有摩擦力。空气阻力有没有？这个跟身材有关系。我们设计磁悬浮列车的时候，会把它的身材设计得比较好，使得空气阻力基本上可以忽略不计。

磁悬浮列车的优势在于没有摩擦力，它在运行的过程中，损失的能量就特别小。这当然是我们未来交通发展的一个趋势。我们国家自主研制建造的第一条磁悬浮列车线于 2016 年在长沙已经建成，在北京也有一条磁悬浮的公共交通线路很快就要投入使用了。（张双南）

生活显微镜

磁悬浮地球仪

很多人都见过下图这样的磁悬浮地球仪，它是怎么悬浮在空中的呢？

秘密在于地球仪里面藏了一块永磁铁，而下面的底盘里藏有一块电磁铁。地盘里的电磁铁通电后会产生一个和地球仪中永磁铁相斥的磁场，这个斥力抵消了地球仪受到的重力，于是地球仪就能够悬浮在空中。但是这种平衡非常脆弱，因为磁场随着距离增加而迅速地减弱，所以如果地球仪和底盘的距离稍有变化，磁力就会大于或小于重力，使地球仪失去平衡。因此在底盘中还有一个磁场传感器，它能够通过探测地球仪中永磁铁磁场的强弱来判断地球仪的远近，并把这个信息告诉电磁铁（通过反馈电路），这样当地球仪受到扰动（比如被碰了一下或者被风吹偏）时，底盘中的电磁铁可以随时调整磁场强弱，让地球仪始终稳稳地悬浮在上方。

生活中的磁悬浮列车一般采用的是电磁悬浮，原理和磁悬浮地球仪类似。所不同的只是磁悬浮列车的电磁铁安装在车上，通过电磁铁和铁磁性的钢轨（而不是磁悬浮地球的永磁铁）相互作用来实现悬浮。

超导磁悬浮

这个世界上有一种神奇的东西叫作超导体。它有两个特点：一是处于超导状态的时候，完全没有电阻（零电阻效应）；二是处于超导状态的时候，磁力线完全不能穿过它，也叫抗磁性（迈斯纳效应）。由于这两个特点，如果把一块超导材料放在强磁铁附近，室温的时候由于不处于超导状态，因此磁力线回穿过材料。此时给材料降温，当材料的温度降到它的超导临界温度以下时，由于迈斯纳效应，那些原本穿过材料的磁力线被挤出超导体外，此时超导体内的磁场发生变化，就会产生一个电动势（法拉第电磁感应定律），而此时超导体又处于零电阻状态，很小的电动势就能产生很强的电流（涡电流）。电流产生的磁场和磁铁的磁场相互作用，就能让超导体始终保持和磁铁相对位置的不变，从这个平衡位置向任何方向移动，都会有力把它推回平衡位置。这个相对位置可以是磁铁上方（悬浮），也可以是下方（倒挂），或是其他位置（一般磁体上下方磁场最强，因此这两个位置限位作用最明显）。

利用超导体在强磁铁上的悬浮是能耗最小、稳定性最好的悬浮方式，可惜的是目前超导体都只能在很低的温度下工作。目前，全世界超导临界温度最高的超导体也要在零下 80 摄氏度才能处于超导状态，常见的钇钡铜氧超导体都是工作在液氮温度范围（液氮的沸点约为零下 196 摄氏度），因此暂时还没有办法应用到现实生活中。

真空管道磁悬浮列车

在 20 世纪末，有人提出了在真空管道里面运行磁悬浮列车的设想。磁悬浮能够让列车和轨道相互脱离，没有摩擦阻力；而真空管道中没有空气，因此又没有了空气阻力，这样的列车理论速度能够达到 4000 ~ 20000 千米 / 时。空气中声音的速度大约是 1224 千米 / 时，真空管道磁悬浮列车的理论速度差不多是空气中声速的 3 ~ 15 倍，远远快于民航客机 800 千米 / 时的速度，比最快的超音速战斗机（能短暂达到大约 3 倍音速）还要快得多。地球赤道的周长大约是 40000 千米。乘坐这样的列车，我们就能够在几个小时内绕地球一圈。除了速度快，更让人兴奋的是这种列车的能耗比民航飞机低很多，且不受天气等因素的影响，甚至可以在海底建造。

当然，到目前为止这还只是个畅想，需要科学家们一步一步地努力实现。可喜的是我们中国的进展很快，西南交通大学的牵引动力国家重点实验室超导技术研究所在 2013 年 2 月就已经实现了高温超导磁悬浮环形轨道，并在载人的情况下以 50 千米的时速运行。在 2014 年 5 月，西南交通大学已经成功搭建了全球首个真空超高速磁悬浮列车的原型测试平台，这套系统的理论设计速度可达到 2900 千米 / 时，是世界上首个真空管道运输系统。

磁悬浮列车

交通史上的革命

磁悬浮列车技术是人类交通史上的一次革命，它打破了车辆与轨道接触的传统运动方式，能够以与轨道无摩擦的方式进行高速运行，减少了轮轨损耗，降低了运行噪音，适应性强。因与轨道无摩擦，磁悬浮列车理论时速可以达到几千千米，具有十分诱人的应用前景。

主要悬浮技术

德国的常导磁吸式磁悬浮列车以德国 Transrapid 为代表，利用直流电磁铁的电磁吸力原理，在车体两侧位于轨道下方的车体安装受控电磁铁。电磁铁通电后产生电磁吸力，吸引位于其上方轨道中的导磁体，当引力大于重力时即可将列车悬浮。

日本的超导磁斥式磁悬浮列车以日本的 Maglev 为代表，在列车上安装超导电磁铁，由分布在沿线的地面导轨两侧的驱动绕组提供三相交流电，用先进的低温超导磁体技术产生强磁场，在列车运行时与地面上的绕组相互作用，产生斥力使列车悬浮。

磁悬浮列车特点

速度快。常导磁悬浮列车运行速度可达 400 ～ 500 千米 / 时，超导磁悬浮列车运行速度可达 500 ～ 600 千米 / 时。

能耗低。据德国相关资料介绍，在 300 千米 / 时的速度下，磁悬浮列车比 ICE3（德国高速动车组）能耗少 28%；在 500 千米 / 时的速度下，磁悬浮列车的能耗仅为飞机的 $\frac{1}{3}$~$\frac{1}{2}$ ，其相比汽车耗能也少。

噪音小，污染小。磁悬浮列车采用无接触的悬浮、导向，因此相比于轮轨列车，没有车轮与轮轨的巨大摩擦噪音。同时，磁悬浮列车采用电力驱动系统，污染小，对于城市环境保护与能源节约有着积极的推动作用。

磁悬浮的发展展望

改革开放以来，随着经济的高速发展，我国主要发达地区面临着人口密度日益增大，交通出行需量激增，人均土地资源日益减少的问题。高速磁悬浮列车技术的发展应用可有效缓解交通出行压力。而占地少，污染少，能耗低的特点也利于磁悬浮技术在城市交通系统中的应用。磁悬浮技术良好的爬坡能力及上述特点也使其适用于景区及观光旅游。

摘自：罗炜宁，王强，《磁悬浮列车未来发展与展望》，原文见《硅谷》，2013 年第 5 期，第 2 ～ 11 页。

实验四 纸杯合唱团

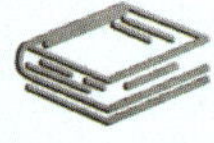

新课标知识点·波的形成和传播

1 质点左右振动，波向右传播，二者的方向在同一直线上。质点的振动方向与波的传播方向在同一直线上的波，叫作纵波。在纵波中，质点分布最密的位置叫作密部，质点分布最疏的位置叫作疏部。

2 发声体振动时在空气中产生的声波是纵波。振动的音叉的叉股向一侧振动时，压缩邻近的空气，使这部分空气变密，叉股向另一侧振动时，又使这部分空气变得稀疏。这种疏密相间的状态向外传播，形成声波。

3 弹簧、水、空气等都可以作为波的传播介质。组成介质的质点之间有相互作用，一个质点的振动会引起相邻质点的振动。机械振动在介质中传播，形成机械波。

4 介质中有机械波传播时，介质本身并不随波一起传播。例如绳上或弹簧上有波传播时，它们的质点发生振动，但质点并不随波迁移，传播的只是振动这种运动形式。

5 事实表明，几列波相遇时能够保持各自的运动状态，继续传播。在它们重叠的区域里，介质的质点同时参与这几列波引起的振动，质点的位移等于这几列波单独传播时引起的位移的矢量和。

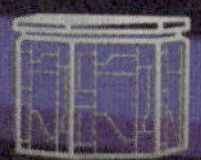

实验操作台

实验情景

在“声音震碎玻璃杯”实验中，实力唱将黄绮珊一展歌喉，震惊全场。这一次的实验同样与声音有关，它不是响彻云霄的声音共振，而是如丝如缕的美妙和声。当来自不同声源的声音同时进入我们的耳朵时，会产生什么样的奇妙效果呢？

实验题目

阿卡贝拉合唱团团员分别在5个相互独立且互不干扰的隔音箱内演唱同一首歌曲，隔音箱通过5个小纸杯连接的渔线延伸到另一个隔音箱内。处在另一隔音箱内的尼格买提通过纸杯能听到什么声音？

A. 五个人的合唱

B. 杂乱的噪声

C. 单独某个人的声音

实验步骤

1. 用5根渔线各自连接好纸杯，安放在独立的隔音箱内，5根渔线相互连接延伸进另外一个独立的隔音箱内。检查隔音效果。

2. 5名阿卡贝拉演唱人员各自进入独立的隔音箱内演唱同一首歌曲。

3. 尼格买提在隔音箱内听到5个人相互合作完成的合唱。

实验证明，正确答案为A。

扫一扫

看当5个人同时对着纸杯合唱一首歌曲时，听的一方通过纸杯能听到什么声音

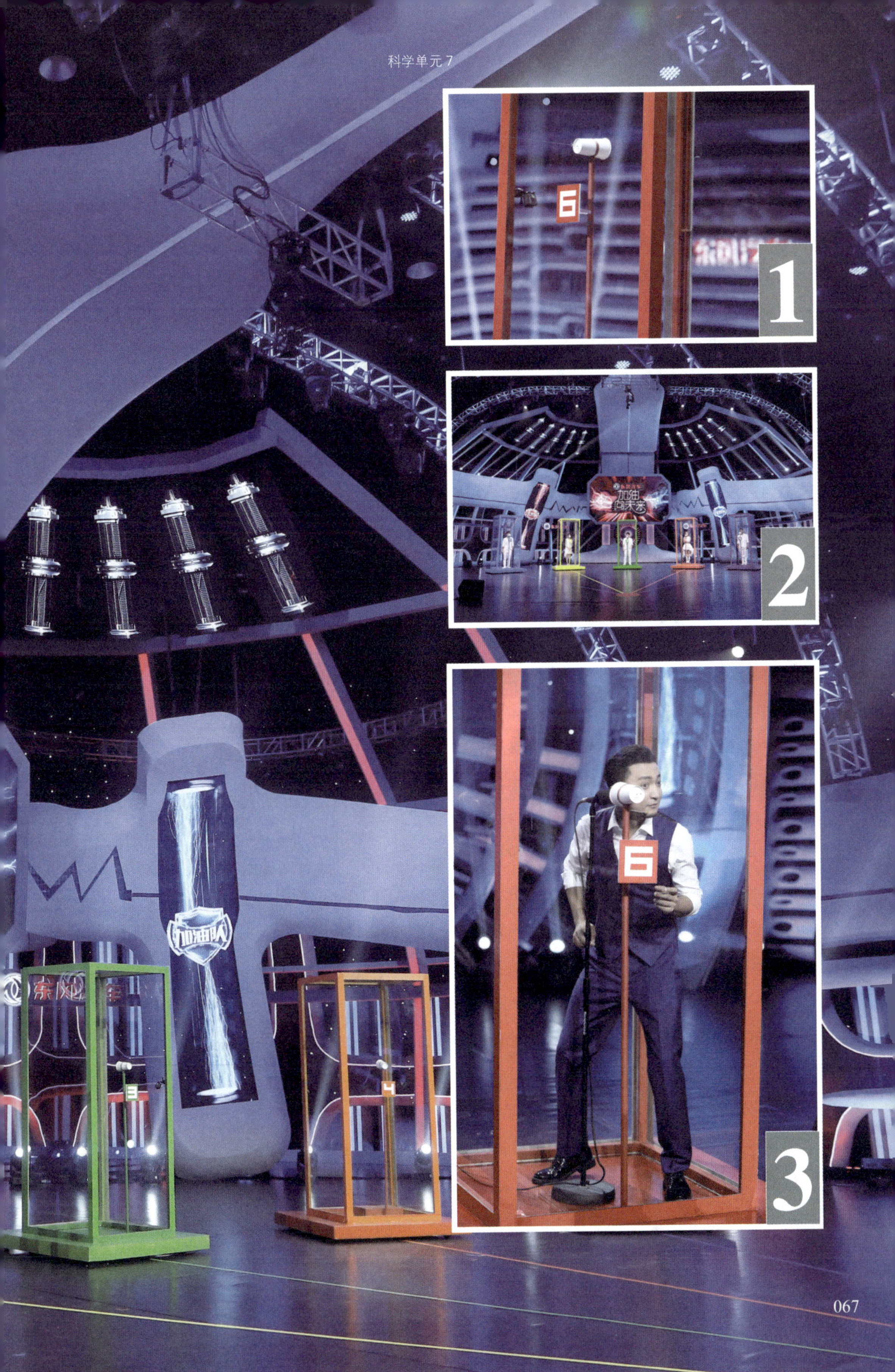
1
2
3

原理探秘

声音本质上是一种机械振动。人的声带能够发出的声音振动频率一般在每秒几十次到一千次，而人的耳朵能够听到的声音振动频率一般在每秒 20 ~ 20000 次。

我们发出声音的过程是这样的：首先，声带（声源）发生振动（产生声音），它周围的空气被声带的振动反复挤压，疏密程度不断变化，这种疏密变化在空气中扩散开去，就形成了一种疏密波，这也就是我们平常说的声波（空气中的声波）。其次，当空气的这种疏密变化扩散到我们的耳朵里，也就是声波进入我们的耳朵，带动内耳的绒毛细胞振动，绒毛细胞就会把这种振动转化成生物电信号传递给大脑，于是我们就听到了声音。其他声源（振动的物体）发声的原理也是类似的情况，在液体（例如水）或者固体（例如钢铁、石头）中也基本相同，比较特殊的固体中的声波不只有疏密波，还有剪切波（横波）。

本实验中当我们对着纸杯唱歌，声带的振动引起空气的疏密变化，这种疏密变化像小锤子一样敲打纸杯，纸杯底随之振动，带动绷紧的尼龙弦同步振动，进而带动收听者的纸杯底振动，在收听者的纸杯中形成新的同频率的疏密波（声波）从而被收听者听到。

有意思的是，波的传播有一个非常有趣的特点——两个或者更多的波在传播过程中是相互独立的，互不干扰，所以在我们的实验中，5 个声源产生的振动在同一条尼龙弦上传播时也会互不干扰，能够同时被我们听到。（陈征、吴宝俊）

专家视角

实验中，几根绳子上的信号集中到了一根绳子上面，但它们却是独立传播，这叫作波的独立传播原理。

也正是由于波在传输过程当中互相不干扰，咱们才能够用声呐来探测海底里面潜水艇在干什么。潜水艇非常微弱的振动信号是通过水介质传递的，这个信号混在各种鱼类的活动、海面上船只的活动或者海底地壳运动的信号中，并没有被淹没，我们还是能把它检测出来。

除声音的传递外，其他波的传递也都遵循这个原理，比如光纤，为什么在光纤里面能传输这么多信号？就是因为在同一根光纤里面，不同信号的传输过程中是互不干扰的。我们能看到宇宙中的各种天体，他们的信号都是这么传递过来的，相互之间并不干扰。（张双南）

生活显微镜

为什么洗澡时唱歌特别好听

人们在洗澡时喜欢唱歌，固然因为洗澡时精神比较放松，无忧无虑，自然会哼几句。其实深究起来，还有一个原因是洗澡时唱歌比平时唱歌好听。

我们听到的声音与我们所处的环境有关。在平坦的旷野唱歌，一点回声也没有，听起来就觉得不浑润而显得过于枯干；而在山谷里唱歌，就会有回响，产生“空谷传音”的感觉。这是因为，歌唱时从喉部发出的声音同耳朵听到的声音并不是同一回事：从歌喉发出的声音是扰动空气形成的声波往外传，而听到的声音

却是这个声波直接到达或间接反射混合以后传到耳朵里的扰动。

我们知道，人耳能够分辨的声音相隔大约为 $\frac{1}{16}$ 秒小于这个时间间隔的两个声音，人耳便会当作一个声音。通常条件下，声速大约是每秒 340 米，所以当声音反射壁距离超过 11 米，也就是声音来回走过 22 米以上的距离时，我们才能够把回音与原来的声音分清。北京天坛公园的三音石之所以能够听到数声回音，就是因为满足了这个条件。

人们把分不清回声与原来发出的声音的情况，称为混响。度量混响大小的量，叫作混响时间。混响时间不仅跟发出的声音的频率以及建筑的形状有关，还跟建筑壁面材料对声波的反射和吸收性能有关。

在洗澡堂里唱歌好听，人们很乐意在洗澡时引吭高歌，是因为一般的浴室虽然狭小，但墙壁、地板很容易反射声音，在淋浴时，喷头喷出的水珠也会反射声音，这就使得洗澡间的声音混响度比一般居室要大。

人们洗澡时唱歌很常见，特别是澳大利亚人有每天一大早就洗澡唱歌的习惯。

摘自：武际可，《为什么洗澡时唱歌特别好听?》，原文见《发明与创新》，2012 年第 2 期，第 57 页。

传声筒

当看一些军事题材的电影时，我们经常看到指挥员拿起电话，向部队发布命令。在没有电话的时代，就得派通信员去送信。比如著名的马拉松比赛就是为了纪念希波战争胜利后向雅典城送信的士兵菲迪皮茨。

但是我们也会在电影中看到，在没有电话的时代，军舰上的舰长会对着一个铜管的喇叭口喊话，其他舱室里的舰员通过铜管另一端的喇叭口，就能听到舰长的命令，就像电话一样。这个东西就是另一种“土电话”——传声筒。

传声筒通常是一根很长的金属管子，这个管子可以是直的，也可以是弯的。当人对着管子的一端讲话，声带发出的振动，通过空气传入管子，与没有管子时声波会发散开去不同，金属管子中的声波（空气振动）会被金属管限制在管内，走很长的距离也不会有很大的衰减，所以能够传得很远。军舰上就会用这样的装置，使指挥员的命令可以迅速地传达到各个舱室。直到现在，即便已经有很多现代化的通信手段，很多军舰上还保留了传声筒，因为这个装置抗干扰能力很强，在舰船上没有电的时候也能正常工作。

实验五 焰色反应

新课标知识点 · 原子基态与激发态

1 现代物质结构理论证实，原子的电子排布遵循构造原理能使整个原子的能量处于最低状态，简称能量最低原理。

2 处于最低能量的原子叫作基态原子。当基态原子的电子吸收能量后，电子会跃迁到较高能级，变成激发态原子。

3 电子从较高能量的激发态跃迁到较低能量的激发态乃至基态时，将释放能量。光（辐射）是电子释放能量的重要形式之一。

4 气态电中性基态原子失去一个电子转化为气态基态正离子所需要的最低能量叫作第一电离能，上述表述中的“气态”“基态”“电中性”“失去一个电子”等都是保证“最低能量”的条件。

5 不同元素的原子发生跃迁时会吸收或释放不同的光，可以用光谱仪摄取各种元素的电子吸收光谱或发射光谱，总称原子光谱。现代化学中，常利用原子光谱上的特征谱线来鉴定元素，称为光谱分析。

6 我们看到的许多可见光，如霓虹灯光、激光、焰火等都与原子核外电子发生跃迁释放能量有关。

实验操作台

实验情景

“撒贝尼”兄弟身着萌系白袍变身“奇异博士”，关闭场灯在节目现场开启演唱会模式。一个被小撒称为“八爪鱼”的实验道具中燃烧着5堆火焰，随着实验员一声令下，原本安静燃烧的五色小火瞬间变成熊熊烈焰，色彩亮丽，格外吸睛。

实验题目

氯化钠（食盐）燃烧产生的火焰是什么颜色的？

A. 红色

B. 黄色

C. 绿色

实验步骤

1. 器械道具向外延伸出5个通气管道，管道末端各有一个托盘，在5个托盘内分别添加氯化锶（$SrCl_2$）、硼酸（H_3BO_3）、氯化钙（$CaCl_2$）、氯化铜（$CuCl_2$）、氯化钠（NaCl）5种不同的化学物质，并与酒精充分混合。

2. 依次点燃托盘内酒精混合物，通过实验装置为托盘化学物质加注空气，促使化学物质充分燃烧。

3. 观察实验现象，火焰在加注空气的托盘内剧烈燃烧，并呈现出5种不同的颜色：氯化锶燃烧呈洋红色；硼酸燃烧呈绿色；氯化钙燃烧呈橙色；氯化铜燃烧呈淡蓝色；氯化钠燃烧呈黄色。

实验证明，正确答案为B。

扫一扫

看食盐燃烧产生的火焰是什么颜色

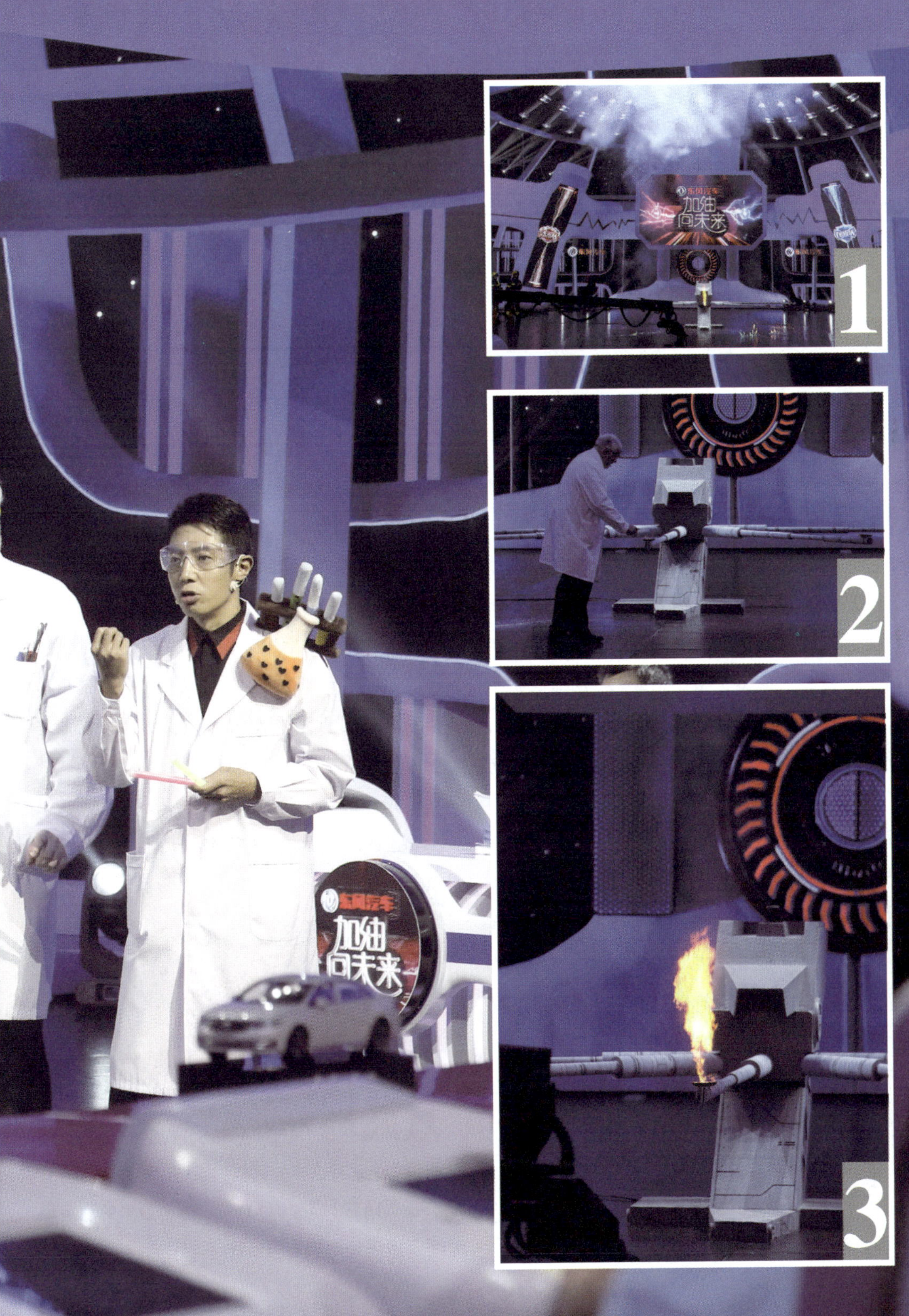
东风汽车
加油向未来
1
2
3

原理探秘

物体发光的过程，其实是组成物体的原子核外电子，从一个比较高的能级，跃迁到比较低的能级，同时以光的形式释放出一部分能量的过程。你可以想象一下跳台跳水的场景，一般来说，同一个人从不同高度的跳台（高能级）跳进水里（低能级）时，溅起的水花不一样大，跳台越高水花就越大。对应着发光的过程，意味能级差（跳台高低）越大，释放的能量也就越大。宏观上看，不同能量的光对应着不同的颜色，红橙黄绿蓝靛紫的颜色对应光的能量依次变大。

本实验中，酒精燃烧时产生的热量激发了一些原子或分子中的电子，把它们从“水里”（低能级）赶到了比较高的“跳台”（高能级）上，当他们从这些“跳台”跳回“水里”（从高能级跃迁回低能级）的时候，就发出了光。不同的原子或分子中电子的能级结构不同，换句话说就是不同的原子或分子各自有一组特定高度的跳台。因此它们中的电子被赶上跳台跳回水里时，溅起的水花（发光）也就有不同的大小（能量高低），表现出来就是发出的光具有这种原子或分子特有的颜色，这就是我们常说的焰色反应。利用焰色反应，通过观察火焰的颜色就可以分辨出金属元素，比如本实验五彩的火焰中，红色的对应着氯化锶（$SrCl_2$），绿色对应着硼酸（H_3BO_3）、蓝色对应着氯化铜（$CuCl_2$）、黄色对应着氯化钠（NaCl）、橙色对应着氯化钙（$CaCl_2$）。（陈征、吴宝俊）

专家视角

其实咱们中国的古人，在1500、1600年前就认识到了这样的焰色反应，虽然没有认识背后的道理，却已经从经验上知道利用燃烧时不同的颜色来区分物质的种类。

随着近代诞生出化学和物理，19世纪后人们对于光的认识更进一步，发展出光谱分析这样的方法，成为实验室里经常利用的工具。光谱分析对于我们认识世界，甚至于我们发现物理规律都起了非常大的作用。

玻尔正是为了解释氢原子的谱线而建立了玻尔模型，从而导致了量子力学的诞生。可以说量子力学就是通过光谱分析的研究来建立的。

我们今天都知道宇宙是膨胀的，这最早是哈勃通过分析天体谱线的移动发现的。在此基础上我们现在的宇宙学得以建立。

所以光谱分析对我们人类认识自然、认识世界，认识背后的科学规律都起了巨大的作用。（张双南）

生活显微镜

鉴别物质的利器——光谱

早在中国南北朝时期，著名的炼丹家和医药大师陶弘景（456 —536）在他的《本草经集注》中就有这样的记载“以火烧之，紫青烟起，云是真硝石（硝酸钾）也”。这是最早的利用焰色反应来鉴别物质的记载。

1666 年，牛顿用三棱镜把太阳的白光分解成了红橙黄绿蓝靛紫的彩色光，由此我们知道了太阳光的白光是由不同的颜色组成的，这种颜色的组成就是光谱。1802 年，一位叫作沃拉斯顿的英国化学家发现太阳的光谱中有几条黑线，可是他并没有重视。1814 年，一位叫夫琅和费的德国光学仪器专家进一步发现太阳的光谱中有几百条暗线。1849 年，法国科学家傅科让白光通过食盐的焰色反应火焰，发现透过光的光谱中有两条暗线和太阳光谱中的两条暗线对应。到了 1859 年，德国物理学家基尔霍夫发现一种物质焰色反应是什么颜色，当白光通过这种物质的时候，这种物质就会吸收什么颜色的光。之后他和化学家本生一起把太阳光谱中的暗线和平常他们所做焰色反应的光谱进行了对照，发现夫琅和费观察到的那几百条线，其实是太阳的吸收光谱。通过这些暗线，我们就知道太阳上有什么样的元素。

通过这种方法，人们发现太阳上铁、钙、镁、钠、镍、铬等许多元素，更有意思的是，当时人们发现太阳光谱中有一种元素地球上没有发现，所以科学家把它命名为“氦”（这个名称来自表示太阳的希腊语），不过氦元素只存在在太阳上的观点没有坚持多久，1895 年，人们在地球上找到了这种元素。

今天光谱已经是我们检验分辨物质的基本手段。不论是研究宇宙中星体含有什么元素，还是判断日常食物里含有什么元素，光谱都是一个非常有力的工具。

烟花——科学与艺术的结晶

烟花绽放，最吸引人眼球的就是缤纷的色彩。那么，燃放烟花为什么有五颜六色呢？这和化学课本里的“焰色反应”密不可分。

所谓的焰色反应，就是有些金属或它们的化合物在灼烧时的火焰呈特殊颜色。化学上常用这种反应来检验物质中是否存在某种金属。利用焰色反应的原理，在烟花里加入相应的金属或者金属化合物，烟花燃放时就能产生丰富多彩的颜色。比如，加硫酸铜会发出蓝光，加铝粉、铝镁合金会发出白光，加硝酸银会发出红光……加入这些燃烧后能产生彩色火焰的药剂，就能制成各种色彩鲜艳的烟花。

同时，根据光的叠加性原理，通过混合掺入两种或两种以上的发色药剂，还能叠加出更加丰富的色彩。为了衬托热闹喜庆的气氛，烟花是不能不考虑声响效果的。

最简单的发声原理是将黑火药药剂装在两头压上泥塞的纸筒中，在药剂上插一根引线，引燃后就会发生剧烈的反应，产生悦耳的哨子声或笛声。将高氯酸钾（$KClO_4$）和铝粉混合后装在纸筒中并封闭严实，用导火索点燃就会产生爆炸声和耀眼的闪光。利用这些原理，可以制出烟花的声响部件，进一步制出烟花“百鸟齐鸣”的声响效果。

摘自：明欣，《烟花—科学与艺术的结晶》，原文见《农村实用科技（青少年科学探究版）》，2007 年第 2 期，第 15 ~ 16 页。

和科学天才比一比

第7期 科学猜想王

段禹辰，14岁，清华大学附属中学初一学生，校园小记者。

扫一扫，和科学天才比一比

1. 2017年7月7日，我国港珠澳大桥主体工程全线贯通！它拥有6.7千米长的海底隧道。请问这种隧道是用哪种方式修建而成的?

A. 在地面以下钻洞，洞中做支护结构

B. 在地面做成完整隧道，再落入水底

C. 先做好隧道结构，沉到水下再拼接

2. “我的智能手机有前置1200万像素的摄像头。”关于这一点以下说法不正确的是哪一项?

A. 它能拍出4000×3000像素的照片

B. 它拍的照片肯定比800万像素摄像头拍的清晰

C. 它拍的照片最大像素数为1200万

3. 有些植物长有棘刺，是为了保护自己免受食草动物啃食。请问，当食草动物数目下降时，植物是否会抛弃其棘刺防御?

A. 会

B. 不会

C. 不确定

4. 用微波炉加热食品，以下哪种方式是可行的？

A. 把生鸡蛋放瓷碗里，用微波炉加热

B. 把一罐未开封牛奶，用微波炉加热

C. 把冰激凌放瓷碗里，用微波炉加热

5. 有的昆虫长有复眼，比如蜻蜓的复眼由将近3万只小眼构成。请问，一只蜻蜓看小尼，复眼中会呈现什么图像？

A. 3 万个小尼，每只小眼里 1 个

B. 1 个完整的小尼

C. 按区域划分，上下左右中 5 个小尼

6. 二维码是在条形码基础上扩展出的包含信息的可读图案。随着互联网信息技术的发展，二维码已经在我们的生活中大量应用。关于二维码，以下说法不正确的是哪一项？

A. 二维码建立在二进制语言基础之上

B. 二维码没有特定方向，手机旋转、倾斜都能顺利扫码

C. 彩色二维码比黑白二维码包含更多信息

7. 辛弃疾的词《西江月·夜行黄沙道中》写道“稻花香里说丰年，听取蛙声一片”，这里的蛙声属于以下哪一项？

A. 雄蛙的鸣叫

B. 雌蛙的鸣叫

C. 雌蛙和雄蛙的鸣叫

8. 以下关于使用牙膏刷牙的说法中不正确的是哪一项？

A. 刷牙前牙膏不沾水，才能达到清洁效果

B. 牙齿没了也应该刷牙

C. 误食少量牙膏对身体无害

9. 地球自然资源有限，利用核能是解决未来能源危机的重要途径。人造核反应堆会产生巨大能量，但无法直接使用。请问，以目前人类掌握的技术，核反应堆的能量需要先转化成以下哪一种能量才能进一步加以利用？

A. 电能

B. 热能

C. 光能

1. 答案：C. 先做好隧道结构，沉到水下再拼接

解析：港珠澳大桥是水底沉管隧道，它与常见的山区隧道不同：山区隧道只要“钻洞”，一边钻一边做支护结构，而水底隧道是预先做成隧道结构，将其沉到水下，再在水下拼接安装。全长5664米的港珠澳大桥岛隧工程海底隧道，是我国第一条外海沉管隧道，也是世界最长的公路沉管隧道和唯一的深埋沉管隧道。

2. 答案：B. 它拍的照片肯定比800万像素摄像头拍的清晰

解析：智能手机摄像头像素数等于它能拍出的照片的最大像素数，例如拍出的最大照片为横向4000像素，纵向3000像素，那么手机摄像头像素数就是4000×3000等于1200万。手机拍摄的图片质量不仅取决于像素数，还跟感光元件的质量以及图像处理引擎的性能等其他因素有关，所以1200万像素的摄像头拍的照片质量不一定比800万像素的好。所以打算采购智能手机时请注意，不要单纯追求摄像头像素数高，还应多咨询专业人士，了解其他方面的性能来做出综合判断。

3. 答案：A. 会

解析：科学家研究了非洲羚羊的捕食特性与当地一种合欢树生物学特征之间的关系。结果发现，在羚羊无拘无束的地区，合欢树满是棘刺。而在羚羊回避的高危险地区，合欢树棘刺较少。该研究结果揭示了食草动物与植物的防御机制是如何相互作用，从而塑造植物群落的。

4. 答案：C. 把冰激凌放瓷碗里，用微波炉加热

解析：微波炉中的微波与食物水分子相互作用，引起分子振动并发出大量热，从而让食物温度上升，变熟。但微波遇金属容器会被反射，起不到加热效果，所以应使用陶瓷等绝缘容器。加热时，密闭容器中气体温度升高会导致压强增大，特别容易发生爆炸，所以应该先打开密闭容器的小口再加热。夏天吃太凉的食物对身体不好。有的小朋友着急想吃冰激凌，会选择用微波炉加热。在这里友情提示，尽管用微波炉加热不封装的冰激凌是可以的，但是加热融化的冰激凌可不一定好吃。还有，千万不要用微波炉加热鸡蛋，生鸡蛋熟鸡蛋都不可以，因为它会爆炸！

5. 答案：B. 1个完整的小尼

解析：昆虫复眼中每个小眼只看到物体的一小部分，并向大脑发送一个像素的信号，几万只复眼的像素拼在一起，构成一个完整的图像。但复眼分辨率有限，拼出的图像较为模糊，像是打了马赛克。

6. 答案：C. 彩色二维码比黑白二维码包含更多信息

解析：计算机通过特殊算法将信息转换为二进制编码，然后将0对应白色方块，1对应黑色方块，以一定规则分组填充到正方形内，就生成了二维码。二维码包含定位图案，任意方向均可扫码。读码时计算机要对图案进行裁剪、去噪和灰度处理，利用这过程中的容错性，不但可以把二维码设计成彩色的，还可以设计成美术图案。常见的二维码在左上、右上和左下三个位置都各有一个小方框，它们可以确定二维码在空间中的唯一位置，让手机在任意方向下都能扫码，而无须把条形码翻转至特定方向。

7. 答案：A. 雄蛙的鸣叫

解析：雄蛙有鸣囊，可发出鸣叫声吸引雌蛙，这是一种求偶行为。

8. 答案：A. 刷牙前牙膏不沾水，才能达到清洁效果

解析：刷牙要两分钟以上才会达到效果，沾不沾水并无差别。刷牙清洁整个口腔环境，牙掉了，但黏膜、牙龈、牙槽等组织还在，也需要清洁。牙膏包含摩擦剂、发泡剂、防腐剂、甜味剂等成分，少量误食不会对身体构成危害。

9. 答案：B. 热能

解析：目前核能利用的方式是将核反应产生的能量加热水，使其变为蒸汽，驱动涡轮来发电，但能量转化效率较低。将核反应产生的能量直接转化为电能是科学家研究的主攻方向。中国科学院等离子体物理研究所的全超导托卡马克装置“EAST东方超环”，又叫人造太阳，是我国拥有的世界级受控热核聚变大科学实验装置。2017年7月3日，东方超环实现了101.2秒稳态长脉冲高约束等离子体运行，创造了新的世界纪录。

科学单元 8

我参加过日本应用物理学会 2007 年的一次年会，他们就在科技馆开会。楼上是我们这些专家在做报告，楼下就是所有的大公司——索尼、夏普等在那儿展览。他们设置了很多实验给小孩做。特别是有一家公司，你讲的非牛顿流体，它有飞镖，速度非常快能够穿过玻璃，都看不到痕迹，飞镖穿过的熔融玻璃就是非牛顿流体。所以很多小孩都来。应用物理学会比物理学会要大得多，因为跟企业有关。每个人发一张登记卡，叫作少年会员。他们还做极光实验，北极光，这就是一种光电效应。让小孩进放电房，在身上放电，看起来没问题，但其实非常的惊险，也是很好玩的。

为什么我到清华报的自控系，因为自控系有一个宣传，都是画的火箭，我们有一个专业就是“火箭的控制”。然后无线电是一个非常通俗的科普。所以大家很高兴，每次都在慢慢进步。

另外，院士们也有义务做科普，我们有一个观点“咨询是院士专家的本职工作”，现在可以加一条“科普也是院士专家的本职工作”。所以你请我们都来了。当了院士以后，最主要的工作就是要关心我们国家下一代。

中国科学院院士

欧阳钟灿

实验一 运-20复合材料

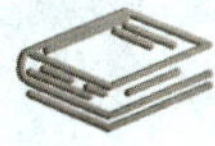

新课标知识点 · 高分子化合物与材料

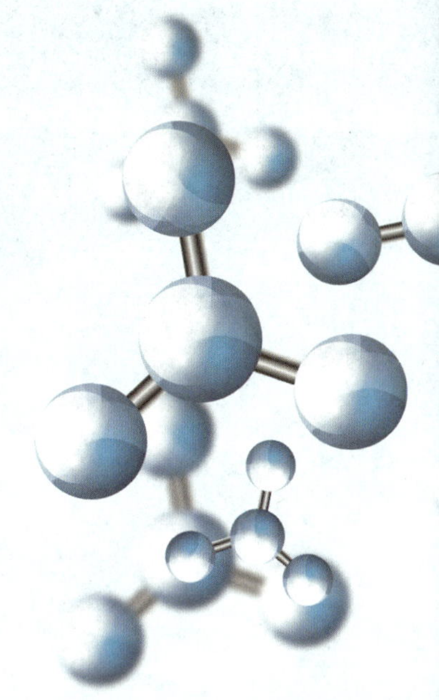

1 高分子化合物按照来源可分为天然高分子化合物和合成高分子化合物。淀粉、纤维素和蛋白质等属于天然高分子化合物；聚乙烯、聚氯乙烯和合成橡胶等属于有机合成高分子化合物。

2 高分子化合物的相对分子质量一般都在 10000 以上，有的可达上千万。合成高分子化合物是由小分子通过聚合反应制得的，所以也称为聚合物或高聚物，因其与自然界树脂（如松香等）形态相近，在工业上常被称作合成树脂。

3 由于高分子化合物的相对分子质量很大，与低分子化合物相比，表现出某些特殊性能。当许多条高分子链聚集在一起时，相互间的缠绕使分子间接近的地方以分子间作用力结合，使高分子材料的强度大大加强，相对分子质量越大，分子间作用力越强。

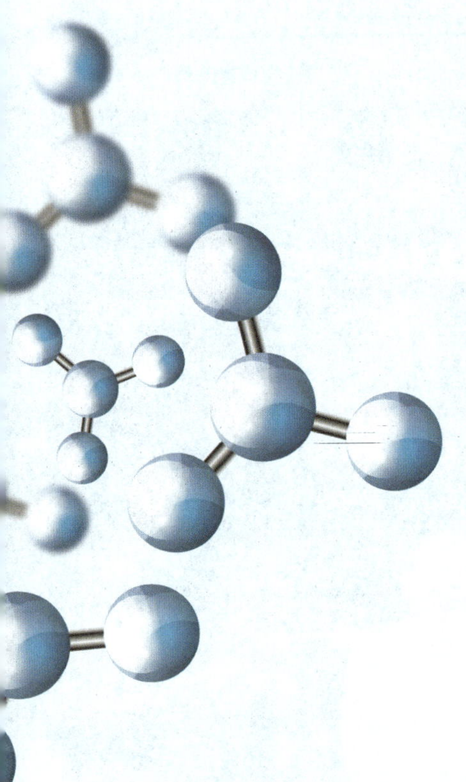

4 高分子材料发展的主要趋势是高性能化、功能化、复合化、精细化和智能化。研究表明，影响高分子性能的因素，主要是形成高分子的单体的组成和结构、高分子的相对分子质量、高分子链的形状以及高分子的聚集状态等。

5 金属、非金属和高分子材料各有优点，但也有各自的缺点，如金属材料易腐蚀，陶瓷材料性脆易碎，高分子材料易老化、不耐高温等。如果将这三大类不同的材料进行复合，既能保持原材料的长处，又能弥补其短处，从而提高材料性能，扩大应用范围。

实验操作台

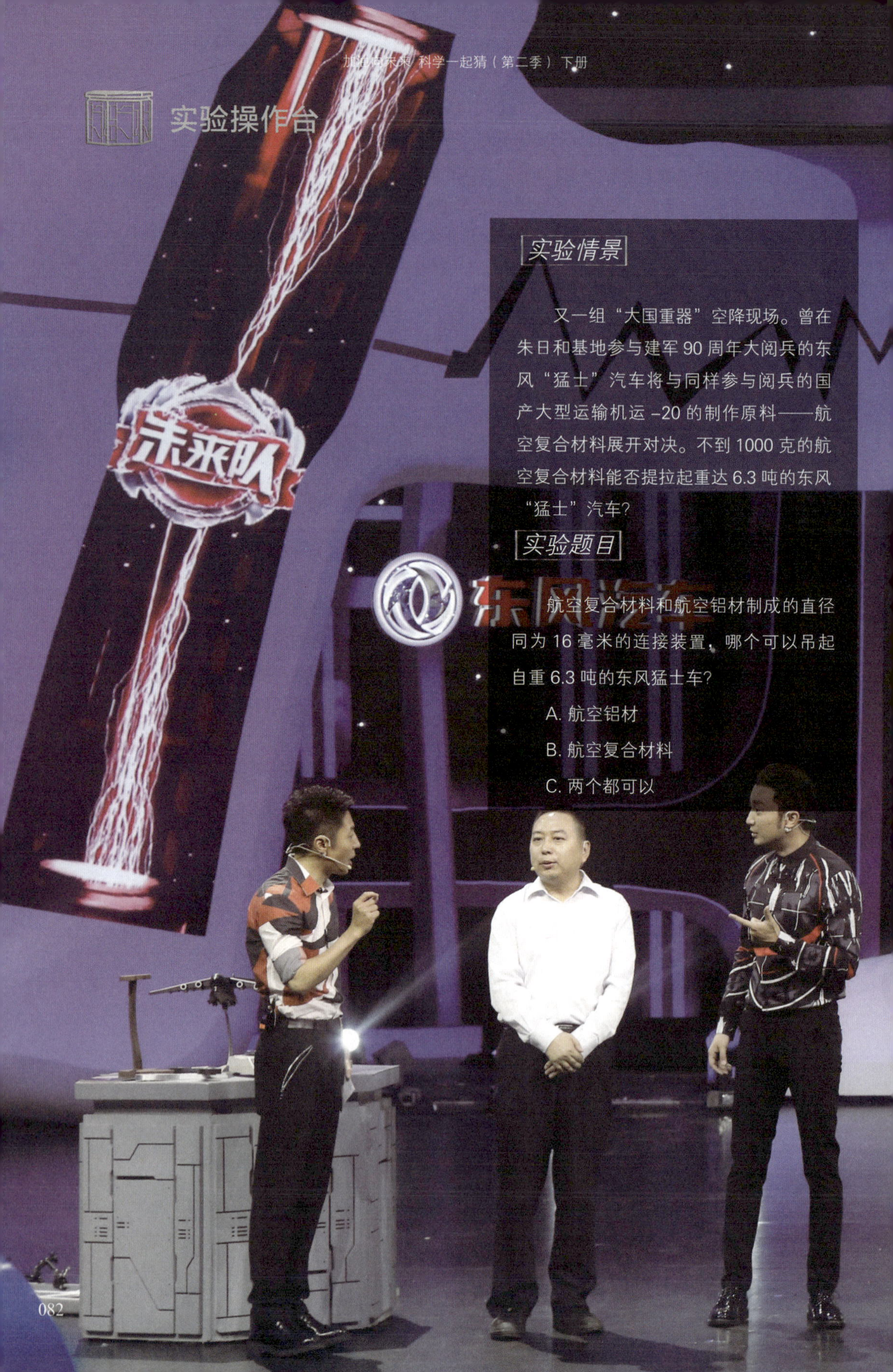

实验情景

又一组“大国重器”空降现场。曾在朱日和基地参与建军 90 周年大阅兵的东风“猛士”汽车将与同样参与阅兵的国产大型运输机运 -20 的制作原料——航空复合材料展开对决。不到 1000 克的航空复合材料能否提拉起重达 6.3 吨的东风“猛士”汽车？

实验题目

航空复合材料和航空铝材制成的直径同为 16 毫米的连接装置，哪个可以吊起自重 6.3 吨的东风猛士车？

A. 航空铝材

B. 航空复合材料

C. 两个都可以

实验步骤

1. 将吊钩和 6.3 吨重的东风猛士汽车通过直径为 16 毫米的航空复合材料连接装置连接在一起，启动吊车。观察到汽车被吊起，四个车轮脱离地面，并能坚持 10 秒钟。

2. 将航空复合材料更换为 16 毫米的航空铝材连接装置，重复实验步骤 1，观察到在吊起过程中，航空铝材发生断裂，未能完成实验。

3. 分别换用直径为 10 毫米和 5 毫米的航空复合材料连接装置，重复实验步骤 1，观察到汽车被吊起，四个车轮脱离地面，并能坚持 10 秒钟。

实验证明，正确答案是 B。

扫一扫，看哪种材料可以吊起自重 6.3 吨的东风猛士车

原理探秘

所谓复合材料，其实就是把两种或者两种以上不同性质的材料采用物理或者化学的手段组合起来，让它们彼此之间取长补短，从而获得具有更好性能的新材料。古时候人们用土坯盖房子，会把稻草和在泥里，这样的土坯不容易散；今天建筑使用的钢筋混凝土也是沙子、水泥、钢筋等多种材料复合而成，这都可以看作是复合材料。

复合材料大体上可以分为两类：一类是功能复合，一类是结构复合。功能复合的意思是把一些不同功能的材料复合在一起，使获得的新材料兼具几种不同的功能，比如既能透光又能导电，既有磁性又能受力等；而结构复合则是通过把几种材料组合在一起，让这些材料之间的相互连接更牢固，整体受力能力更强，从而形成一种性能更好的材料。我们上面说的和稻草的土坯、钢筋混凝土和常见的玻璃钢（玻璃纤维增强塑料）等都属于结构复合材料。

本实验中采用的航空复合材料也属于结构复合材料，与常见的玻璃钢、混凝土不同的是，航空复合材料是把高科技含量的碳纤维等材料复合，从而得到重量非常轻，同时能承受非常大的力的新型高性能材料。（陈征、吴宝俊）

专家视角

大家以为一块材料强度大，它就一定很沉，越结实越沉，这是完全错误的一个观念。比如说金子它就很沉，但是它很软，你可以用牙咬；反过来，这个世界上最硬的材料是金刚石，金刚石的比重只有每立方厘米三点几克。

举一个例子来说明复合材料，大家知道生长在水里的贝壳，一只河蚌能够拥有的材料除了有机质以外就是沙子和石头，所以你会发现贝壳的材料就是由简单的石头碳酸钙加上蛋白质组成的。但是贝壳可以很轻松地承受一辆大卡车的碾压，道理在哪儿呢？道理在结构。它的碳酸钙结构是 20 纳米左右的小结构，用胶原蛋白连接起来，抗碾压的关键在于如何把重力迅速从受力点向旁边分散。

目前，材料科学已经复杂到我们用简单的一个词已经不足以描述材料的性能了。我们只知道一种材料叫航空铝材，相当于一点儿信息都没有。首先我们要知道它包含哪些元素，其次，我们需要知道它包含的那些元素的含量到底是多少。再次，我们需要知道这些元素到底在材料结构里边处于什么位置。最后，我们还需要知道这些元素在结构里面所处的状态。

说说拉力的实验。对于拉断一个材料，比如吊了多少重量，其实许多时候不能够反映这个材料本身的力学强度，因为很可能拉断是因为这个材料加工得不好，它里面本来有缺陷。因为材料断裂首先是从它原有缺陷的地方开始断裂。此外，即使材料是完好的，我们在金属物理研究过程中，也会注意到材料表现的力学性能和我们理论预期差得很远。有一天我们终于明白，材料的断裂并不是从整块的面上断裂，而很可能是在原子层面上某些地方断裂以后的进一步传播。所以我们理论计算的断裂强度可能不到一个材料本身断裂的强度的 1‰，这也是材料科学发展过程中的一个插曲。

此外，我们用一个材料结构把一辆车吊起来了，是不是说这个材料就很强？是，可以说它强，但是这不全面。更全面的应该还要在负重加载的情况下，看它的承重时间。承重时间对材料的性能评估也是非常重要的。要交给时间去考验，这也是材料评估的一个非常重要的信息。（曹则贤）

生活显微镜

常见的复合材料基材——凯夫拉纤维

20 世纪 60 年代，美国的杜邦公司研制出一种新型芳纶纤维复合材料——芳纶 1414。1972 年，杜邦公司正式为这种材料注册商标为 Kevlar。这种材料的学名叫“聚对苯二甲酰对苯二胺”，化学式的重复单位为 –[–CO–C_6H_4–CONH–C_6H_4–NH–]–，接在苯环上的酰胺基团为对位结构，如果这个基团接在间位结构，那就是另一项商标名为 Nomex 的材料，俗称防火纤维。

这种新型材料密度低、强度高、韧性好、耐高温、易于加工和成型，其强度为同等质量钢铁的 5 倍，但密度仅为钢铁的$\frac{1}{5}$（Kevlar 密度为每立方厘米 1.44 克，钢铁密度为每立方厘米 7.859 克）。由于这类材料坚韧耐磨、刚柔相济，具有刀枪不入的特殊本领，经常被用作防弹衣、复合装甲等材料。因此也常被称之为“装甲卫士”。

常见的复合材料基材——玻璃纤维

玻璃纤维一般是用玻璃球或者废旧玻璃作为原料，经过高温熔化、拉丝制作成极细的玻璃丝，每一根细丝的直径只相当于一根头发丝的$\frac{1}{10}$左右，一束纤维丝由数百根、甚至上千根细丝组成。把拉出的玻璃丝像纺纱线一样缠绕在线轴上，之后就可以按经线和纬线，像织布一样织成一块“玻璃丝”布，或者制作成其他形状的材料。

玻璃纤维材料绝缘性好，耐热性高，耐腐蚀性好，机械强度也很高。不过我们知道玻璃是很脆的，耐磨性也比较差。我们可以用和其他材料复合的办法来改善，比如当把玻璃纤维材料和树脂材料复合起来，就能制作出我们非常熟悉的一种高性能材料——玻璃钢（学名叫玻璃纤维增强塑料）。

常见的复合材料基材——碳纤维

碳纤维复合材料是我们平时最熟悉的一类符合材料。碳纤维是由碳元素组成的一种特殊纤维，其含碳量随着不同种类有所区别，但一般都在 90% 以上。碳纤维强度几乎是钢的 5 倍，密度却只有钢的$\frac{1}{5}$，耐热可以达到 2000 摄氏度以上，热膨胀系数却很小，也就是说热胀冷缩很不明显。此外，它还具有良好的导热性、耐腐蚀、耐辐射这些特性。平时我们最容易用到的碳纤维的特性就是重量轻、强度高。平时在市场上可以见到的碳纤维的鱼竿、三脚架、自行车、羽毛球拍和棒球棒等都是利用了这一点。

复合材料

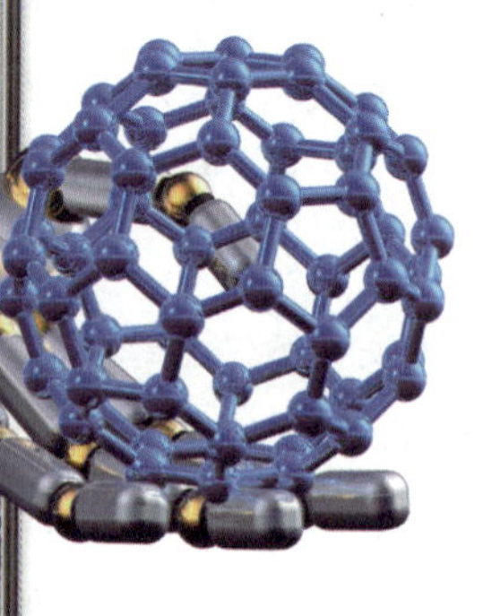

飞行器结构用复合材料

“轻质化、长寿命、高可靠、高效能、高隐身、高突防、低成本”是新一代飞行器的发展目标。而复合材料具有轻质、高强、可设计、抗疲劳、易于实现结构/功能一体化等优点，因此，先进复合材料继铝、钛、钢之后迅速发展成为飞行器四大结构材料之一。目前，先进复合材料已成为飞机结构基本材料。

发展历程

纵观国外军机结构用复合材料所走过的道路，大致可分为三个阶段：

第一阶段，用于受力较小或非承力部件。如舱门、口盖、整流罩以及襟副翼、方向舵等，大约于20世纪70年代初完成。

第二阶段，用于垂尾、平尾等尾翼一级的次承力部件。以F-14硼/环氧复合材料平尾于1971年研制成功作为标志，基本于20世纪80年代初完成。

第三阶段，用于机翼、机身等主要的承力结构。主要以1976年美国原麦道公司研制成功FA-18复合材料机翼作为里程碑，此时复合材料用量已提高到了13%，军机结构的复合材料化进程进一步得到推进。

应用于航天器

复合材料广泛应用于航天器结构件，包括卫星中心主承力筒、各种仪器安装结构板、太阳能帆板基板等。在运载火箭上被用于火箭排气锥体、燃料储藏箱、燃烧室壳体、喷管、喉衬、扩散段以及整流罩等部位，另外在导弹壳体、飞船返回舱等部位，先进复合材料也得到了大量的应用。

展望未来

无论是航空航天器的发展带动了复合材料的发展，还是复合材料的发展推动了航空航天器的发展，近 20 年，飞行器结构复合材料化的发展态势有目共睹，过去是这样，现在是这样，可以认为以后还会是这样。

摘自：王绍凯，马绪强等，原文见《飞行器结构用复合材料四大核心技术及发展》《玻璃钢/复合材料》2014 年第 9 期，第 76 ~ 84 页。

实验二 鲁珀特之泪

新课标知识点 · 晶体结构与性质

1 本质上，晶体的自范性是晶体中粒子在微观空间里呈现周期性的有序排列的宏观表现。相反，非晶体中粒子的排列则相对无序。

2 晶体的特点并不仅限于外形和内部质点排列的高度有序性，它们的许多物理性质，如强度、导热性、光学性质等，常常会表现出各向异性。

3 有的晶体的微观空间里没有分子，原子晶体就是其中之一。在原子晶体里，所有原子都以共价键相互结合，整块晶体是一个三维的共价键网状结构，是一个“巨分子”，又称共价晶体。

4 金刚石里的共价键的键长很短，键能很大，这一结构使金刚石在所有已知晶体中硬度最大，而且熔点也很高。高硬度、高熔点是原子晶体的特性。自然界中有许多矿物和岩石，分子式都是 SiO_2，也是典型的原子晶体。

5 硬度是衡量固体软硬程度的指标。硬度有不同的标度，最普通的硬度标度是画痕硬度，即摩式硬度，固体互相刻画时出现刻痕的固体的硬度较低。

6 硬度大的物质不一定经得起锤击，如金刚石硬度最大，却很容易经锤击而破碎。物质经受锤击的性质属于延展性。由于原子晶体中的共价键具有方向性，当受到大的外力作用时会发生原子错位而断裂。

实验操作台

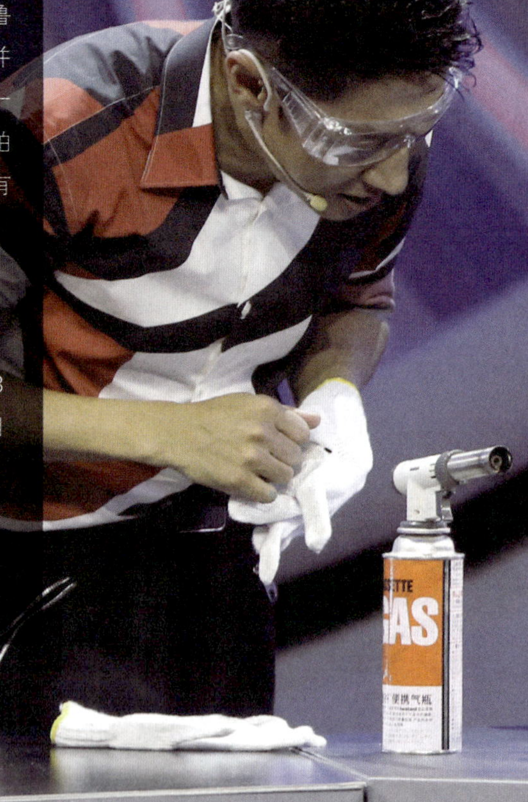

实验情景

17 世纪德国鲁珀特亲王无意间发现，熔化的玻璃在重力的作用下自然滴入冰水中，能够形成如同蝌蚪状的“玻璃泪滴”，于是就有了“鲁珀特之泪”。形似蝌蚪的“鲁珀特之泪”刚亮相时，“撒贝尼”兄弟并未重视它，但在随后的实验中，液压机一度将压力增至 8 吨，都未能将这颗“鲁珀特之泪”碾碎。“鲁珀特之泪”的背后有怎样的秘密呢？

实验题目

以下哪个选项可以让泪滴直径为 23 毫米的“鲁珀特之泪”最坚硬的头部（泪滴最宽的部分）碎裂？

A. 金刚石钻头钻 30 秒

B. 液压机施加 3 吨的压力

C. 两种方法都不可以

扫一扫，看新一代求婚利器横空出世，完爆大钻戒

实验步骤

1. 实验员戴好护目镜后，使用金刚钻头在“鲁珀特之泪”的泪滴部分钻动 30 秒。观察到“鲁珀特之泪”表面只有一条细微的划痕。

2. 将“鲁珀特之泪”放在液压机下增压到 3 吨、6 吨、7 吨和 8 吨，观察到“鲁珀特之泪”并没有任何变化。

3. 实验员邓楚涵利用钳子钳住“鲁珀特之泪”细致的尾部，轻轻施力后，“鲁珀特之泪”完全碎裂。

实验证明，正确答案为 C。

原理探秘

玻璃其实是一种理论上硬度和强度都非常大的材料，可是现实生活中的玻璃往往硬度很高，但强度并不高。这是因为玻璃的黏度非常大，需要很长的时间才能让所有的原子到达它们受力平衡的位置。

可是在制作时，很难保证冷却速度足够慢，让玻璃中的原子都找到它们自己的平衡位置。因此在玻璃冷却的过程中，随着玻璃体积的减小（热胀冷缩），很多原子不能找到它们受力平衡的位置，就会在玻璃中产生应力，进而导致玻璃中有很多只有在电子显微镜下才能观察到的细微裂纹。正是这些裂纹，导致了玻璃表现出的实际强度不高，容易被破坏。

当把烧熔的玻璃滴入水中时，玻璃表面迅速冷却形成一个硬壳，内部的冷却速度却比较慢，原子有较长时间去寻找自己的平衡位置，同时玻璃体积也有变小的趋势。此时内部缓慢冷却的玻璃对表面的玻璃硬壳将产生巨大的拉应力，这个拉应力在玻璃受到外力作用时，能够有效阻止表面微裂纹的扩大，从而使玻璃表现出非常高的强度。因此“鲁珀特之泪”的头部能够承受巨大的外力而不被破坏。但它的尾部非常细，内部对硬壳的拉力较弱，阻止裂缝扩大的能力也较低，因此尾部的强度远小于头部。当尾部被破坏时，整个“鲁珀特之泪”内的应力平衡被打破，裂缝会从破损处迅速扩散，使“泪滴”在极短的时间内粉身碎骨。（陈征、吴宝俊）

专家视角

所有材料，如果拉力不大的时候，拉力和伸长的长度成正比。这时把拉力释放，材料就能恢复原来的形状，我们说它还处在弹性范围。而如果超过一定的范围还使劲拉，你会发现越拉长反而越省力了，这时候材料就进入疲劳状态，然后再使劲，就会发现你作用在材料上的拉力会突然断到0，什么意思？就是断裂了。

我们提到材料本身有拉、压、扭。当我们谈论拉和压，说对材料施加的是压应力或张应力，请大家一定记住一个概念，应力不是“力”，它和“力”是两码事。比如，这里有一个鸡蛋，我们中学时都会说，加一个力，它就会运动起来，这没问题。我从这边加一个力，它就运动起来了，

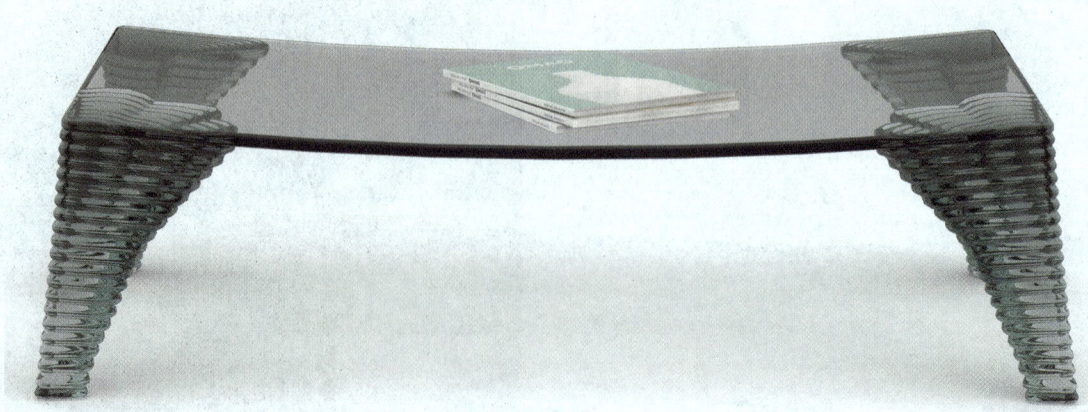

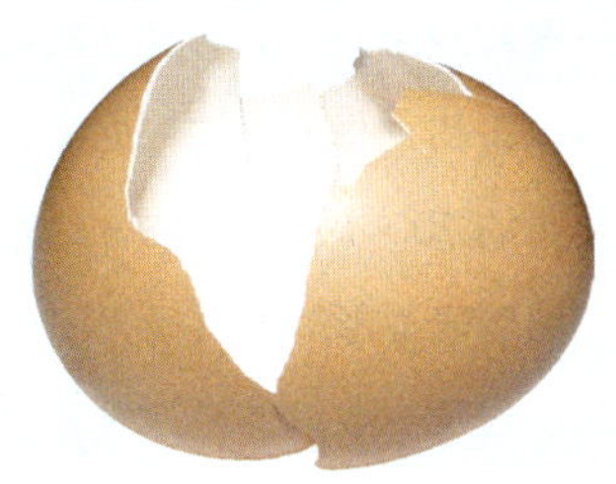

现在我从另一边再加一个大小相同、方向相反的力，然后鸡蛋就不动了。但是故事没结束，如果我同时增加这两个力的话，鸡蛋始终是平衡的，不会运动。但是当两边的力量加到一定程度的时候，它就会碎了。当我这边加一个力，另一边加一个大小相同、方向相反的力的时候，我的鸡蛋是没运动，但是我鸡蛋处在受力状态，它里面会积聚着张力，张力的单位量纲是每单位体积的能量。也就是说，力是单位距离上做功，它的量纲是能量除以长度，而应力是能量除以体积。所以虽然中文名字上也有一个力字，但是张力和力不是一个概念，不是一类物理量。

物体处在不同的应力状态下，内结构就不一样。实验中的玻璃用肉眼观察，你会发现可能整体上很均匀，可是我们用偏振光去检验的话，就会发现它处于不同的应力状态。

玻璃对于我们人类文明来说是非常重要的，甚至可以说有了玻璃才有现代科学，有了玻璃才有化学家的各种瓶瓶罐罐，才有我们物理学家用的各种镜头，等等。但是在今天我们提到玻璃的时候，常常说的不是一种具体的材料，而是一种物质的状态。当物理学家说玻璃的时候，我们说的是玻璃态物质，所以就会有一些新鲜的名词，比如说金属玻璃、自旋玻璃，说的就是里面单元的排列，在小范围内特别有序，在整个大范围内看可能又不那么有序，这种状态叫玻璃态物质。

给一个物体加压力，其实不是一件容易的事情。物理学有一个专门的领域就叫高压物理学，比如我们想知道地球内部的物质性，就要通过高压物理来研究。高压物理的高压怎么产生？就是用两块特别小的金刚石对着压，叫金刚石对顶砧。真的是金刚石对着压，而且时常把一块金刚石压碎了。加压讲究什么？如果想在一个小颗粒上面用两个金刚石挤压，实际上我们会把小颗粒用软的材料包起来，这样使得压力通过软的物质从各个方向传递给它，而不像鲁珀特实验中那样上下夹起来。

加压时一个材料没崩溃，当你慢慢减压的时候，很可能就崩溃了。所以说减压也是一个特别仔细的过程。我们许多时候会遇到类似的现象，比如水，大家可能觉得水是降温的时候结冰，但其实水如果降温的速度特别快，进入玻璃态的时候，当我们对玻璃态的水进行加热，加热到一定程度它变成液体，再加热就结冰了。（曹则贤）

生活显微镜

夹胶玻璃

钢化玻璃虽然强度很高，但是由于预应力的存在，它有一定自损坏的概率。另外它的强度毕竟有限，一旦发生损坏，它会粉碎成小粒，虽然不会伤到人，但是在一些特殊场合，如高空的玻璃廊桥、幕墙等场合，依然是不能使用的。人们引入复合材料的思路，在两层玻璃之间，加上一层或者多层有机聚合物的中间膜，经过特殊的高温加压或者抽真空这样的工艺，使玻璃和中间膜永久性地粘成一体，形成一种复合玻璃，这就是我们平常所说的夹层玻璃或者夹胶玻璃。夹胶玻璃，即便玻璃碎掉，这些碎片也会被粘在薄膜上，而不会脱落，这样就可以防止碎片扎人，或者从高空坠落导致危险事故发生。在大型建筑外墙、玻璃廊桥之类的场合以及其他对安全要求高的场合，使用的一般都是夹胶玻璃。

防弹玻璃

防弹玻璃其实是一种特殊的夹胶玻璃，它是一种将玻璃或者有机玻璃与优质的工程塑料经过特殊加工得到复合型材料。最常见的防弹玻璃是把聚碳酸酯纤维层夹在普通玻璃层之中。当子弹从外部射入的时候，会先打碎最外层，这一层会吸收掉子弹的一部分动能，使子弹的速度减慢。变慢的子弹打中柔韧一层的时候，就会被柔韧的这层挡住，从而实现防弹的效果。最简单的防弹玻璃就是三明治结构，而高性能的防弹玻璃常常有多层玻璃和夹在其间的多层聚合物层组成。这些防弹玻璃强度非常高，但同时也非常厚非常重，一般在特殊场合才会使用。

钢化玻璃

钢化玻璃是最常见的一种安全玻璃。在鲁珀特之泪的原理中，我们已经知道，玻璃是一种黏稠度极高的物质，而且它的热胀冷缩的程度也比较大，所以在普通玻璃的制作过程中，因为冷却的时间不会太长导致玻璃在冷却的过程中，没有足够的时间让玻璃里的原子都到达它的应力平衡位置。因此在玻璃中会存在大量的微小的裂纹。在玻璃受到外力冲击的时候，很容易让一些裂纹生长变大导致玻璃的破裂。于是人们可以采用这样的办法：先把玻璃加热到接近软化点的700摄氏度左右，然后快速均匀冷却，让玻璃表面形成一层硬壳内部的玻璃在逐渐冷却的过程中收缩体积，对表面的玻璃形成拉力，这样就可以有效阻止受到外力时玻璃表面裂纹的扩大。

看到这里你会发现，钢化玻璃的制作和“鲁珀特之泪”竟然完全一样。没错！鲁珀特王子的眼泪就是最早的钢化玻璃。

此外还有一种钢化玻璃，它不是通过加热快速冷却来实现，而是用化学的办法。它是把硅酸盐玻璃融入熔岩当中，使玻璃表面的钾或者钠离子与锂离子彼此发生交换，形成一层锂离子的交换层。由于锂离子的热胀冷缩程度比较小，在冷却过程中表面收缩得少，内部收缩得多，同样产生内部拉扯表面的效应，从而达到钢化的目的。我们平时用在手机上的钢化玻璃，多数属于化学钢化玻璃。

玻璃钢门窗

塑钢门窗强度低、易老化，随着玻璃钢型材拉挤工艺和表面涂装技术的发展，玻璃钢拉挤型材开始应用在门窗行业，并且得到国家有关部门的重视和支持。

玻璃钢门窗是以玻璃纤维及其制品为增强材料，以不饱和聚酯树脂为基体材料，通过拉挤工艺生产出空腹型材，经过切割、组装、喷涂等工序制成门窗框，再装配上毛条、橡胶条及五金件制成的门窗。与目前市场大量使用的铝合金门窗和塑钢门窗相比，玻璃钢门窗具有以下几方面优势。

轻质高强：玻璃钢型材的密度为 1.8 ~ 2.0 克每立方厘米，约为铝合金的 $\frac{2}{3}$；其拉伸强度在 350 兆帕以上，弯曲强度 260 兆帕以上，约为铝合金的 2 倍，塑钢的 4 ~ 5 倍。玻璃钢门窗弥补了塑钢门窗强度低易变形的缺点。

保温隔热：玻璃钢型材导热系数低，用玻璃钢型材制成的窗框热阻值远大于其他材料窗框的热阻值。玻璃钢窗框的热阻值为 9.96mk/w，塑钢窗框热阻值为 5.93mk/w，隔热断桥铝合金窗框的热阻值为 0.16mk/w。且玻璃钢门窗型材为空腹结构，具有空气隔热层，保温效果佳。优质玻璃钢门窗保温性能优于国家标准 GB 8484-87 保温性能一级指标。

尺寸稳定、隔音性好：玻璃钢型材热变形温度为 200 摄氏度，即使长时间处于烈日下也不会变形。其线膨胀系数与建筑物和玻璃相当，在冷热温差变化较大环境下，不易与建筑物及玻璃之间产生缝隙，可大大提高玻璃钢门窗的密封性能。此外，玻璃钢的树脂与玻璃纤维复合结构的振动阻尼很高，对声音的阻隔可达 26 ~ 30 分贝。

耐腐蚀、抗老化：玻璃钢门窗对无机酸、碱、盐、大部分有机物、海水及潮湿环境都有较好的抵抗力，对于微生物也有抵抗作用。因此，除适用于干燥地区外，同样适用于多雨、潮湿地区，沿海地区和化工场所。铝合金门窗耐大气腐蚀性虽好，但对某些金属的电化学腐蚀却无能为力。PVC 塑钢门窗耐潮湿、耐盐雾、耐酸雨，但在紫外线作用下，其大分子链会断裂，致使材料表面失去光泽、变色粉化、机械性能下降。在正常使用条件下，玻璃钢门窗寿命可达 30 ~ 50 年，铝合金门窗平均寿命为 20 年，PVC 塑钢门窗平均寿命为 15 年。

摘自：刘金岭，《玻璃钢门窗的发展现状与前景》，原文见《科技风》 2009 年第 8 期，第 119 页。

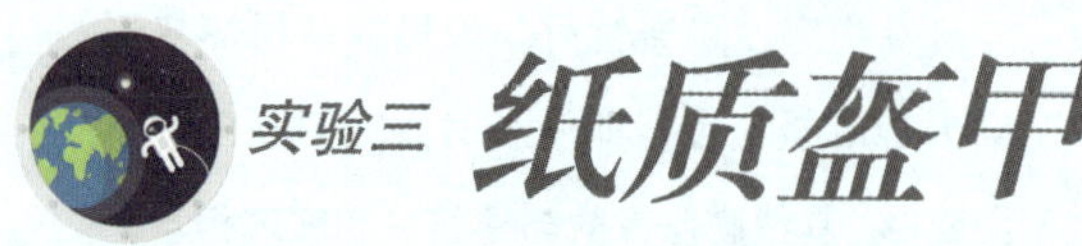

实验三 纸质盔甲

新课标知识点·物体的形变

1 物体在力的作用下，会发生大小和形状的改变，即发生形变。作用在物体上的力的方式不同，物体发生形变的方式也不同。

2 物体在外力的作用下会发生形变，当外力撤销后有些物体可以恢复到原来的形状。物体这种能消除由外力引起的形变的性能，称为弹性，外力去除后，形变完全消失的现象叫作弹性形变；外力去除后，物体遗留下的形变称为范性形变。

3 在物体的各种形变中，最常见的是拉伸形变和压缩形变。除此之外，还有剪切形变、扭转形变和弯曲形变。

4 这种构件承受垂直于轴线的一对大小相等、方向相反、作用线平行且距离很近的力的作用时，两个力之间的横截面沿外力方向发生相对错位的变形称为剪切变形。

5 我们常常使用剪刀、裁纸刀来剪断物体；建筑工地上，工人们常使用切割机来切断钢筋。这些都是剪切形变的典型例子。

6 产生相对错动的截面称为剪切面。剪切面总是与外力作用线平行，且位于方向相反的两外力作用线之间。

实验操作台

实验情景

“黄沙百战穿金甲，不破楼兰终不还。”提及弓箭，我们仿佛又回到了硝烟弥漫、吹角连营的古代战场。现如今，满月雕弓已被枪林弹雨所取代，但弯弓射箭的手法技艺得以传承至今，而我们这次实验也正与弓箭相关。

实验题目

以下哪件铠甲能够抵挡 30 磅传统弓从 10 米远的地方射来的破甲锥？

A. 锁子甲

B. 纸甲

C. 两件都可以

D. 两件都不可以

扫一扫，看锁子甲、纸甲哪件能够挡住箭矢

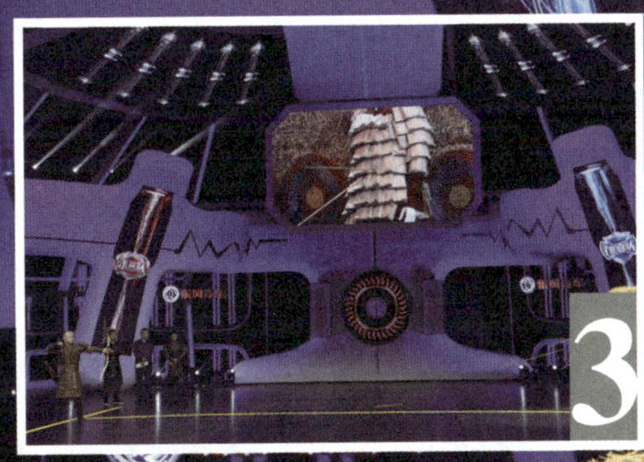

实验步骤

1. 实验员张晓光利用 30 磅传统弓将轻质练习用箭依次射穿了西瓜、榴梿和椰子。

2. 实验员利用 30 磅传统弓，将破甲锥射向穿戴锁子甲的模特，观察到第一箭被锁子甲弹回来，第二箭射穿锁子甲进入到模特体内，第三箭同样被锁子甲弹回来。

3. 实验员利用 30 磅传统弓，将破甲锥射向穿戴纸甲的模特，观察到第一箭从上到下射到了纸的夹层里，并未射到模特体内，而第二箭和第三箭都被纸甲弹了回来。

实验证明，正确答案为 B。

原理探秘

与“鲁珀特之泪”的玻璃破碎原理类似，大多数固体材料的破坏都是经历出现裂纹、裂纹生长变大，最终导致整体损坏这样的过程。其中裂纹从无到有的过程往往需要较大的能量，裂纹产生后扩展所需的能量会小一些。纸盔甲虽然看起来薄弱，但实际上，纸张作为大量纤维的聚合体，本身的强度还是很大的（只不过通常纸张都非常薄），当我们把多层纸张叠在一起时，纸张的总强度就会很大。同时当一张纸上产生裂纹并生长变大时，裂纹只能在这张纸内部扩展，而无法影响到下一张。因此当箭矢射到纸盔甲上时，在第一张纸上撕开的裂纹无法扩展到第二张纸上，箭矢到达第二张纸上时又需要重新消耗能量制造新的裂纹，到达第三、第四、第五、第六以及后面的每一张纸时制造新裂纹的过程都要重复一次，这将大大消耗箭矢本身的动能，使箭矢难以穿透纸盔甲。而看似结实的锁子甲，虽然是金属质地，在上面制造裂纹比在纸张上需要的能量大一些，但这个过程只需要一次，就可以完成对锁子甲的破坏，因此它的防护效果不如纸盔甲。（陈征、吴宝俊）

专家视角

人类第一个远程兵器是弓箭，此外另一个早期制造的兵器是抛石机，弓箭和抛石机的制造都是为了延长攻击的范围。这一套东西叫作 Mechanics 或者 Mechanism，我们中国的汉语将其简单翻译成力学，这其实是一个误解，它首先应该是机械以及机械原理，怎么制作以及怎么作用，这才是 Mechanics 的本义。

纸盔甲里面隐含着重要的智慧。我们大家知道，当在一个物体里造成破裂，对于一个整块物质，就是裂痕生长的过程。而对于几十层、上百层纸叠的结构，我们的箭头要想穿透它，需要射穿一个几十层上百层完整的薄层，而射穿一个完整的薄层所费的力量实际上并不小。我们让一个物质断裂的时候，断裂的过程实际上相当于撕断它的化学键，伤口越大越容易撕。而如果每次都要在一个完整面上撕一个新的伤口，这个就非常费劲。（曹则贤）

生活显微镜

藤甲兵

我国的古典名著《三国演义》里，有一段很有名的故事。诸葛亮南征孟获的时候，曾碰到过一支特殊的军队——藤甲兵。这支军队身穿着由藤条编制而成的铠甲，这种铠甲坚韧、重量轻、不怕水、透气，而且对刀剑的抵挡作用很强，给诸葛亮的部队带来了很大的麻烦。最后诸葛亮利用这种藤甲怕火易燃的特点，把藤甲兵诱至山谷采用火攻才最终取得了胜利。

这只是小说里的杜撰吗？在现实生活中有可能吗？在贵州省安顺市歪寨村的布依族村寨，据说就住着当年协助彝族首领孟获与诸葛亮征战的藤甲兵的后人。近几年当地的村民们还复原出了这种藤甲，这种藤甲非常坚固，刀剑很难刺穿。

相传按照布依族先民的制作程序，一套藤制铠甲要两年时间才能完成。砍来青藤编制好藤甲，先用水浸泡一段时间，拿出晾干后用桐油浸泡（用桐油浸泡的目的是让藤甲更具韧性），晾几个月后再用桐油浸泡，如此反复几次，藤甲才有足够的坚韧程度，才能抵御刀枪，穿着上战场。

中国古代的铠甲

相传甲是夏朝的夏后杼（予）发明的。杼非常聪明能干，他曾经协助父亲夏后少康攻灭东夷人夷羿（也就是我们熟知的后羿）和寒浞的部落，让夏朝呈现出了繁荣景象。少康带领儿子杼，攻打东夷的时候，第一次进攻时就遭到了对方顽强的抵抗。东夷人都是射箭高手，弓箭攻势非常厉害，杼的队伍被对方的弓箭射得七零八落，没有办法前进，只好败退。退回国都后，杼想了很多办法来应对弓箭，最终发明了用兽皮制作的防身衣服——甲。夏朝的兵士穿着兽皮制作的甲，弓箭不再能给夏朝军队带来太大的威胁，而且对敌人的刀斧等也有一定的防护能力，夏军的战斗力大大增强，东夷的军队则无力回天。最终有了新式装备——甲的夏人终于灭绝了东夷。

从实际的历史角度看，铠甲应该起源于原始社会时用藤、木、皮革等原料制造的简陋的防护服饰。到商周时期，古人已经开始把原始的整片皮甲改制成可以部分活动的新型皮甲。就像做衣服一样按照具体的身体部位，把皮革裁制成不同形状大小的皮革片，为了更加结实牢靠，还会把两层或多层的皮革片合在一起，表面涂上漆，进而制作成坚韧、美观、耐用的甲片，然后在片上打上孔，用绳子编织起来形成较为合身的甲。在商周战车战争的时代，皮甲在车战中和盾牌相配合，可以有效地防御青铜兵器的攻击。

到了战国后期，随着冶炼技术的发展，钢铁兵器逐渐用于实战。坚硬锋利的钢铁兵器让皮质的甲显得防护能力不足，这促使防护手段发生了新的变革，同样用铁制作的防具——铁铠开始出现。目前考古发现的时代最早的铁铠甲片，是在河北省易县燕下都遗址出土的，但铁铠真正逐渐取代皮甲，大约是在汉朝以后。

西汉时期的铁铠经历了由粗至精的发展过程，从用较大的长条形的甲片（又称甲札）编的札甲，逐渐发展为用较小的甲片编的鱼鳞甲；从只能保护胸、背的简单样式，发展到了有保护肩臂的“披膊”、保护腰胯的“垂缘”等部分的较为全面的铠甲。随着钢铁加工技术的提高，淬火等工艺的采用，铠甲的精坚程度越来越高，种类也越来越多，防护身体的面积逐渐增大，功能也越来越强。到汉末三国的时候，曹植的《先帝赐臣铠表》中列出了黑光铠、明光铠、两当铠、环锁铠和马铠五种铠甲的名字。南北朝时，随着重甲骑兵的发展，又出现了适合骑兵的两当铠。北魏以后，明光铠是铠甲中最重要的类型，一直到隋朝和唐朝时期。北宋初年时，铠甲发展得更加完善，形成一定的制式。然而之后随着火器的出现，主要用于防御刀剑等冷兵器的铠甲，在火器面前显得防护力不足，又非常沉重影响机动性，因此开始逐渐衰落。到了清末的时候，清政府组建的新军开始穿着新式军装，铠甲正式退出了历史舞台。

实验四 超级火龙卷

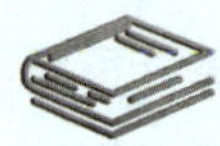

新课标知识点·低压（气旋）与高压（反气旋）

1 低压或气旋，高压或反气旋，分别是对同一个天气系统的不同描述。低气压或高气压，是就气压分布状况而言的；气旋与反气旋是就气流状况而言的。

2 等压线闭合起来的地区，如果中心气压高于四周，就称为高气压；若中心气压低于四周，则称为低气压。从高气压延伸出来狭长区域叫高压脊，好比地形上的山脊。从低气压延伸出来的狭长区域叫低压槽，好比地形上的峡谷。

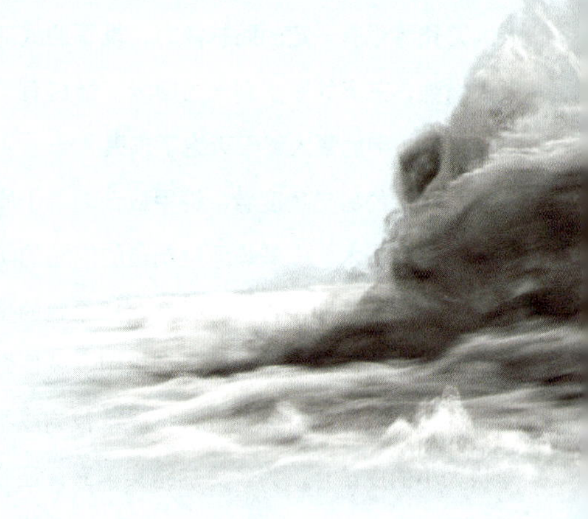

3 气旋是中心气压低，四周气压高的大气水平涡旋。在北半球，气旋区域内空气作逆时针方向流动，在南半球则相反。

4 在低空，气流从四面八方流入气旋的中心，使中心的空气被迫上升。当气流升至高空后，它又向四周流出。这样，低层大气就会不断地从四周向中心流入，以补充中心上升的空气。

5 反气旋是中心气压高、四周气压低的大气水平涡旋。在北半球，反气旋区域内的空气作顺时针方向流动，在南半球则相反。

6 反气旋的气流向外流出后，高层的空气就自上而下来补充，形成下沉气流，以补充近地面向四周流出的空气。所以，一个由气流垂直运动连接而成的低空辐散、高空辐合的环流系统，是反气旋存在和发展的前提。

实验操作台

实验情景

焰色反应带给我们的视觉冲击还没有完全褪去，火龙卷又席卷而来。我们在各类新闻报道中见识过龙卷风、“龙吸水”的威力，火龙卷的案例倒是很少见到。那么，火龙卷是怎么形成的呢？它与龙卷风又有什么异同呢？

实验题目

在圆柱形亚克力罩内，怎样摆放火盆能够形成多色火龙卷？

A. 2 个火盆（一字形）

B. 3 个火盆（三角形）

C. 4 个火盆（十字形）

D. 以上选项都可以

实验步骤

1. 将 9 个火盆分成 3 组，按一字形摆放 2 个火盆，按三角形摆放 3 个火盆，按十字形摆放 4 个火盆。

2. 将 3 组直径均为 1.2 米的圆柱形亚克力罩分割成 2 个半圆，依次罩在 3 组火盆周围，每两个半圆形亚克力罩都错开一定距离。

3. 同时点燃 3 组火盆，等待一段时间后，观察到 3 组亚克力罩中均产生了多色火龙卷。

实验证明，正确答案为 D。

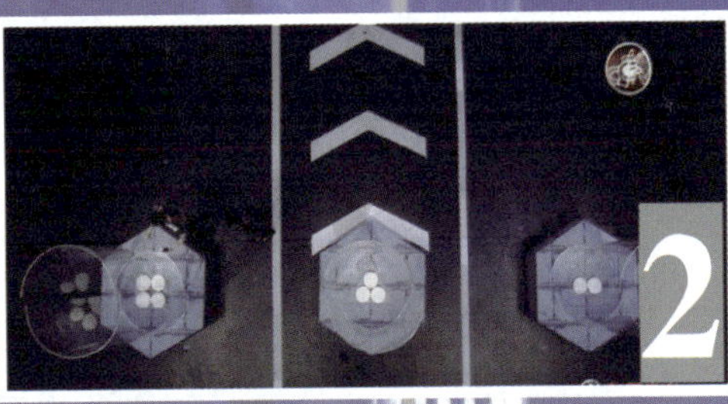

扫一扫，看怎样摆放火盆能够形成多色火龙卷

原理探秘

我们把一根透明管子沿着轴线从中间剖开，相互错开一条缝摆放。当我们在中间放入一盆火焰时，燃料燃烧产生的二氧化碳、水蒸气和被火焰加热的空气由于温度较高，密度较小，就会上升，此时罩子内部气压降低，周围的空气从罩子的缝隙中补充进罩子。罩子的形状和摆放方式决定了从罩子缝隙进入的空气并不会直接流向火焰，而是在罩子内壁引导下螺旋运动，越靠近火焰中心，温度越高，上升趋势也越明显。于是我们就可以看到火焰打着转急速上升，形成壮观的火焰龙卷风。

实验中火焰的位置是决定龙卷风是否能够形成的重要因素。火焰以罩子中心对称的形式分布时，气流比较容易形成稳定的旋涡，也就会形成强烈的火焰龙卷风。不过，火焰不能太过靠近罩子内壁，此处的气流旋转的半径较大，吹在火焰上的效果和用普通吹风机吹火焰的效果类似，会把火焰吹偏，而难以形成旋涡上升。（陈征、吴宝俊）

专家视角

我们生活在三维空间，在三维空间里面，如果我们规定向一个方向流动的话，旋涡怎么都会产生。大家可以做一个实验，把你家洗菜的池子塞好以后放满水，然后把池底的塞子拔掉让水往下流，流着流着你就会发现，水一定是向一个方向形成旋涡。

哪怕到最微观的世界，比如光的偏振，我们也注意到光是三维空间里面的振动。这个振动和传播方向垂直，相当于也是在三维空间规定的一个传播方向，剩下的方向的运动一定是涡旋的，所以光有两种偏振态：左旋光、右旋光。

目前的实验是研究火为什么成卷。火是最自然的一个现象，因为会发生雷火、天火，所以我们老祖宗早就注意到了火的存在，并且古希腊人把火当成组成我们这个世界的四种元素之一。现在我们当然明白它是化学反应，而且是放热反应，这个放热反应使得气体的一部分温度非常高，让这一部分气体处于高能量激发态，激发态里的电子回到低状态，这个过程就会发光。如果发的光在可见光范围内，我们就看见了，这就是火苗。

其实整个实验中，局部有一个放热的化学反应，这个化学反应引起这个地方气流的改变，然后让大家看这个气流场是什么样的。这个火光其实是相当于给气流的流场染色了，让我们看到空气怎么流动，所以这实际上是一个流场设计问题。

这样的空气流，首先受局部温度的影响，另外因为我们生活在地球表面上，重力因素也是非常重要的。考虑重力因素，考虑火的反应，这样的一种设计使得烟是往上飘的。这个道理对于我们的生活来说很重要，现在大家在家里烧饭会用电磁炉，早先农村烧柴火灶，如果有人会垒灶，是能够把烟引到烟囱里，从屋顶上冒出去的，这属于高技术工种，现在大家已经不懂这种技术了。

大家可以想象一下，如果我们生活在宇宙飞船里，没有重力的话，火苗是什么样子？在地球表面，蜡烛的火焰往上跳，如果在宇宙飞船里，在微重力的状态下，大家会注意到，火苗会把蜡烛整个盖住，像一个圆形的星星。（曹则贤）

生活显微镜

龙卷风

空气发生强烈的涡旋现象时，就会形成龙卷风。这个涡旋的成因通常是地面附近的空气受热上升，而上部较冷的空气下降，在这个上下反复流动的过程中遇到一些侧向力，于是形成了涡旋。这些涡旋强烈时可以产生高达 12 级风力的旋风。涡旋的中心会产生强烈的低压，周围的空气会从四面八方被吸入涡旋，然后螺旋上升，从而产生巨大的吸力。我们在有关龙卷风的电影中经常看到龙卷风会把地面上的房屋、牲畜卷起，把大树连根拔起，甚至把江河湖海的水吸离地面，形成水柱产生“龙取水”的奇观。

按照龙卷风发生的场合，大体可以分为陆龙卷和水龙卷。顾名思义，陆龙卷就是发生在陆地上的龙卷风，水龙卷则是发生在水面上的龙卷风。

通常龙卷风都是大气自然运动的结果。但有一类特殊的情况，就是当一个区域发生火灾的时候，地表的空气由于火的加热剧烈地上升，加剧了上下的流动，在这个过程中很容易由于随机原因产生龙卷风。而龙卷风形成的低压，会使得周围的空气迅速地补充过来，使得龙卷风所在的位置燃烧变得非常剧烈，这就是火龙卷，也叫火旋风。火旋风比较罕见，可是一旦形成，它的中心温度极高，破坏力极大，很难被扑灭。科学家们至今还在不断努力寻找它的成因和克服它的手段。

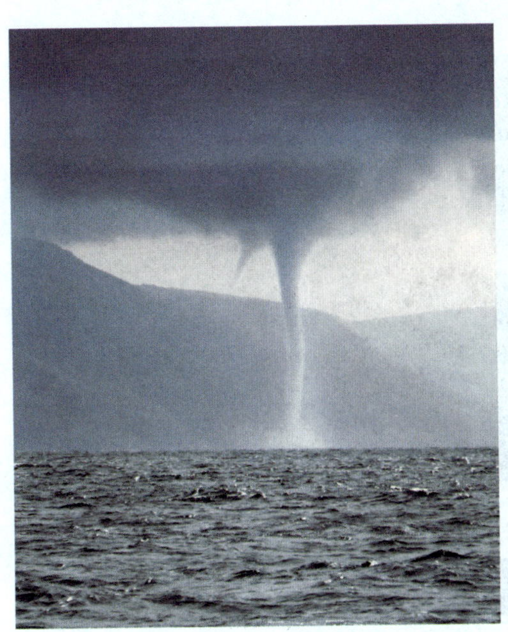

美国为何频发龙卷风

美国是遭受龙卷风侵袭次数最多的国家。龙卷风影响时间短、范围有限，但破坏力极大，是美国的第一大气象灾害。全球有 80%~90% 的龙卷风发生在美国，美国平均每天有 5 个龙卷风发生，每年有 1000 多个龙卷风。

许多人可能不明白了，美国平原多，地势平坦，为啥就多发龙卷风呢?

龙卷风是在极其不稳定的天气情况下，由两股空气强烈对流运动而产生的一种伴随着高速旋转的漏斗状云柱的强风涡旋，而美国的地理位置、气候条件以及大气环流特征，都为龙卷风的形成提供了必备的环境。

美国三面临海，东濒大西洋，西靠太平洋，南面又有墨西哥湾，使得大量水汽不断从东、西、南面流向大陆。美国国土主要处在中纬度，春夏季常受副热带高压控制，即使在秋冬季，也常受其边缘影响，副高的西部边缘，是气流辐合上升最剧烈之处，在副高南部和西部是偏东和东南气流最活跃的地方，它把大西洋和墨西哥湾的大量暖湿空气源源不断向美国大陆输送，这又是产生雷雨云的充分条件。雷雨云不断地强烈发展，龙卷风就伴随而来。此外，美国境内没有东西走向的大型山脉和河流，对冷暖空气的移动没有阻碍作用。

美国龙卷风最多见的是中西部，有一半以上发生在春夏季。5—6月份副热带高气压控制美国，它的西缘正好停留在中西部，这时，东南气流把墨西哥湾的暖湿空气从南向北大量输送。空气中有充足水汽，又有强烈的垂直上升运动，雷雨云就会强烈发展，变成龙卷云而产生龙卷风。

比照50年前，美国上空每年发生龙卷风的次数至少增加了35倍。有时没有龙卷云，但也会发生“龙卷风”，这种特殊龙卷风称为“无云龙卷风”，竟占美国龙卷风的一半左右，而这些“无云龙卷风”的产生竟然与奔驰在公路上的汽车有着密不可分的联系。原来，现在美国公路干线上经常运行的小汽车不下200万辆，卡车60多万辆，美国交通实行右侧通行，每当高速运行的两辆车错车时，就会形成逆时针方向的空气旋涡。数百万辆汽车产生的空气旋涡叠加起来，就会形成强大的旋涡。这种强大旋涡一旦遇到有利的天气系统和大气条件，也会诱发龙卷风。

从理论上讲龙卷风虽然可以预报，但是龙卷风雹云团是稍纵即逝的，以常规气象雷达的扫描频率，龙卷风很有可能在雷达扫描的间隔里发生、发展、消失。而且，龙卷风、冰雹、雷暴同属阵性天气的产物，其前兆十分相似，当一片可能产生这几种天气现象的黑云袭来时，即使雷达监测到了，也难以判断到底这片云会带来冰雹还是龙卷风。世界上只有美国开展了对龙卷风的预报和监测，美国气象监测站密度也增至每几千米就有一个，雷达网也相当健全，还有先进的闪电定位仪等设备技术帮忙，即使这样，龙卷风的产生和走向也很难预测准确。即使是美国，对龙卷风的预警时间也只有10分钟左右，萨马拉斯等3人的遇难，就与他们观测的龙卷风突然发生了异动直接相关。

摘自：姜渌波，《美国为何频发龙卷风》，原文见《芳草》，2014年第2期，第52页。

气旋

现代天气学是从分析锋面和气旋开始的。20 世纪初，以 Bjerknes 为代表的挪威学派提出了极锋理论，这一开拓性工作为现代天气学奠定了基础。

近几十年来，随着观测技术水平的提高，人们对锋面和气旋的发生和结构有了很多新的认识，主要包括：台风形成于海表温度大于 26.5 摄氏度的区域；气旋周围的雨带或云带呈现出螺旋状的分布形态。

大气微团由两种性质不同的亚微团组成：一种为密度小、温度高及气压低的亚微团，称为轻微团；另一种为密度大、温度低及气压高的亚微团，称为重微团。在相应的尺度上，亚微团是构成大气的基本单元，在运动中保持其物理性质不变。微团的宏观性质由亚微团的含量决定，其中，密度、气压与重微团的含量成正比，而温度与轻微团的含量成正比。

当不同性质（轻重）的亚微团所受环境力的方向相反时，即环境产生了一个使亚微团分开的力。当环境力小于亚微团之间的吸引力时，微团保持稳定状态；当环境力大于亚微团之间的吸引力时，亚微团将脱离微团的束缚，形成与微团的相对运动。

天气系统是不同性质的亚微团在大气环境场的作用下发生分离并重新组合而形成的。作为大气最基本的天气系统，气团和锋同样遵循这一过程。亚微团的分离并不是发生在所有的区域，而是受到一定环境场的制约，只有当环境分离力大于亚微团的结合力时，微团才发生分离现象。

锋区就是微团的分离区域，亚微团从微团中分离后，轻、重两种不同性质的微团将向相反的方向运动，重微团的汇聚形成了冷气团，轻微团的汇聚形成了暖气团。由此可见，环境背景场对锋生和气团的形成具有重要作用。

气旋的形成过程是轻亚微团在环境场的作用下，从微团中分离后又在环境场的作用下发生旋转的过程。亚微团这时受到两个力场的作用：一个是气压梯度场的作用；另一个是绝对涡度场的作用。气压梯度场类似于电磁学中的电场，绝对涡度场类似于电学中的磁场，而轻微团相当于负离子，它是亚微团在环境压力梯度力的作用下分离的结果，气压梯度力对亚微团的分离作用是天气系统形成的主要原因。

对于大尺度微团运动而言，在北半球绝对涡度的方向总是向上的，因此，低压系统为逆时针旋转，而高压系统为顺时针旋转；在南半球则相反，因为绝对涡度总是向下的，所以低压系统为顺时针，高压系统为逆时针。

摘自：叶更新，《多尺度天气分析理论和应用 II：锋面和气旋的形成机制》，原文见《高原气象》2013 年第 4 期，第 973 ~ 982 页。

和科学天才比一比

第 8 期 科学猜想王

王旋尧，23 岁，空间相机设计师，18 岁大学毕业于中科大少年班。

扫一扫，和科学天才比一比

1. 摩擦装有水的高脚杯杯口，会发出一定频率的声音，当杯中水位变化时，发出的声音会如何变化？

A. 水位升高，音调变高

B. 水位升高，音调变低

C. 水位升高，音调不变

2. 目前我们的手机号码包含 13 位数字，其中头两位 86 代表中国大陆区号，后面跟着 11 位数字。根据我国电话管理部门统一采用的号码编码方法，这 11 位数字从左往右如何分段？

A. 三位，五位，三位

B. 三位，四位，四位

C. 三位，三位，五位

3. 我们常说的 WiFi 是一种允许手机、电脑和平板电脑等电子设备连接上网的技术。关于 WiFi，以下说法正确的是哪一项？

A. 长期受 WiFi 辐射皮肤会有过敏症状

B. 使用 WiFi 技术连接的是无线局域网

C.300M 带宽路由器比 100M 带宽路由器辐射功率大

4. 关于“为什么北极没有企鹅”这个问题，以下表述符合事实的是哪一项?

A. 企鹅出生在南极，只在南极附近活动

B. 北极曾有类似企鹅的物种，后来被北极熊捕食殆尽

C. 北极曾有类似企鹅的物种，后来因人类猎杀灭绝

5. 我国北方冬季寒冷，目前农村地区主要采用以下哪种方法来保证栽种的普通酿酒葡萄树顺利过冬?

A. 覆土掩埋

B. 塑料包裹

C. 无须照料

6. 跳跳糖是一种带有娱乐性质的休闲糖果，吃进嘴里以后会噼啪作响。关于跳跳糖发出声音的主要成分，以下说法哪一项是正确的?

A. 是一种对人体无害的气体

B. 是遇水发生膨胀的人工色素

C. 是两种混合后会发生轻微反应的固体色素

7. 2017 年 7 月游泳世锦赛场上中国选手孙杨夺得男子 200 米和 400 米自由泳项目两枚金牌。有媒体报道，由于长时间的水中艰苦训练，孙杨手上的指纹已经几乎被磨平了。

指纹是人类手指末端指腹上的皮肤纹路，人人都有，却各不相同，称为“人体身份证”。关于指纹，以下说法正确的是哪一项?

A. 除非遭到破坏，否则人的指纹图案一生不变

B. 同卵双胞胎指纹相同

C. 民间将指纹图案分为斗和簸箕两种

8. 气象预报中会提到未来 12 小时内降水量 50 毫米这样的表述，关于该说法以下哪一个选项是错误的?

A. 降雨和降雪都叫降水

B. 降水量 50 毫米指每平方米面积上积累的降水有 50 毫米厚

C.12 小时内降水量 50 毫米是指这段时间内平均每小时降水量 50 毫米

9. 马蹄铁，也叫马掌，是安装在马蹄处的 U 形铁，起源于罗马时期，在欧洲被老百姓视为幸运的象征。请问，关于给马装马蹄铁，以下哪一项说法不正确?

A. 安装马蹄铁的时候需要给马止痛

B. 安装马蹄铁是为了抵消马为人类服务所增加的马蹄磨损

C. 安装马蹄铁可以治疗马蹄疾病

1. 答案：B. 水位升高，音调变低

解析：摩擦高脚杯的杯口，会使杯口发生振动，带动空气发出一定频率的声音；但杯中的水则会提供阻尼，会吸收振动能量，阻碍杯口的振动，使杯口振幅减小，频率降低。杯中水越多，杯口振动频率越低，发出声音的音调也就越低。利用这一点，高脚杯也可以变成乐器，演奏出我们喜欢的音符。

2. 答案：B. 三位，四位，四位

解析：我国手机 11 位号码分段含义为：前 3 位是网络识别号；第 4—7 位是地区编码；第 8—11 位是用户号码。

3. 答案：B. 使用 WiFi 技术连接的是无线局域网

解析：WiFi 是允许电子设备连接到无线局域网的技术。没有任何科学证据表明长期受 WiFi 辐射皮肤会有过敏症状，无线路由器的辐射功率和带宽没有必然联系。辐射功率相当于人说话的嗓门，带宽相当于说话的速度，嗓门大不一定速度快，速度快也不一定嗓门大。

4. 答案：C. 北极曾有类似企鹅的物种，后来因人类猎杀灭绝

解析：我们现在所熟知的企鹅生活在南半球，但不只在南极大陆活动，非洲南端、南美洲和大洋洲都有企鹅的踪迹。从南极去北极先要经过高温热带水域，这对没有随身携带空调的企鹅来说是天然屏障。北极曾有长相酷似企鹅的水鸟大海燕，又名北极大企鹅，但最终被人类猎杀灭绝了。

5. 答案：A. 覆土掩埋

解析：我国北方冬季温度经常在零下 10 摄氏度以下，会冻死不耐寒的葡萄树宝宝。目前农村地区主要采用覆土掩埋的方式帮助葡萄树过冬。我国是世界葡萄生产与消费第一大国，但绝大多数品种是从国外引进，对我国的气候条件适应性差。中科院植物所近年来培育出多个具有自主知识产权的优质葡萄新品种，其中利用长白山野生山葡萄与欧亚种葡萄杂交选育而成的“北”字号酿酒葡萄，拥有高抗寒旱的特点，无须掩埋过冬，已获十余项业内国际大奖。

6. 答案：A. 是一种对人体无害的气体

解析：跳跳糖发出啪啪响声是因为跳跳糖里含有二氧化碳气体，与色素无关。当跳跳糖在口中融化时，这些气体会从糖中喷出，发出噼啪的响声。

7. 答案：A. 除非遭到破坏，否则人的指纹图案一生不变

解析：指纹是高低不平的真皮层脊突，大约在胚胎发育七个月的时候成形，并在此后一生中保持不变。基因和环境因素共同决定指纹的纹路。即便同一个受精卵分化成的同卵双胞胎，也会因成长微环境中的微小差异而导致指纹的差别。民间将指纹图案分为斗、簸箕和弓 3 种。人在运动或工作中，手部皮肤磨损或受伤，都可能导致指纹受损。不过人体有自我修复的能力，如果只是表皮磨损，没有伤到真皮层的话，停止手部劳损，加以保护，指纹是会慢慢恢复的。

8. 答案：C.12 小时内降水量 50 毫米是指这段时间内平均每小时降水量 50 毫米

解析：某段时间的降水量就是指这段时间内，从天空降落到地面上的液态降水以及固态融化后折合的降水，没有经过蒸发、渗透和流失而在水平面上积聚的总深度。它的单位是毫米。

9. 答案：A. 安装马蹄铁的时候需要给马止痛

解析：马蹄最外层是 2 ~ 3 厘米的硬角质层，类似于人的指甲，这部分没有神经和血管，修剪时马没有痛感。自然马匹的马蹄磨损与角质生长相平衡。但对于驯化马匹，人的骑乘和驮有重物会加速马蹄磨损，导致马蹄疾病，正确安装合适的马蹄铁，可以延缓马蹄磨损，治疗马蹄疾病。

科学单元 9

未来对物种的判断标准，很可能会从生物特征转变为人的意识，以我们的思想、记忆为标准。不管基因被改造成什么样，甚至我们的身体是不是存在，只要我们的意识、记忆、思想、人格还存在，就可以认为我们还是一个物种，我们还是人类。

地球上的生命是碳基生命，宇宙中是否有别的生命状态我们还不知道。假如说一个外星生命来到人类面前，人类面临的第一个问题是，如何判断他是一个生命体。在更大范围的宇宙条件下，如恒星上，甚至在完全不依托于任何星球的纯粹的真空里，都有可能存在由宇宙中的尘埃构成的生命形态，这些生命形态可能是让人很吃惊的，他们可能不是碳基生命，甚至可能是核能驱动，所以我们不能简单地以表面的生物特征来区别外星生命和人类。

雨果奖获得者

《三体》作者

刘慈欣

实验一 瓦楞纸

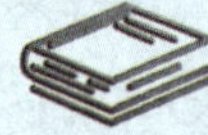

新课标知识点·结构与力

1 从力学角度来说，结构是指可承受一定力的架构形态，它可以抵抗能引起形状和大小改变的力。

2 每个物体都有它特定的架构形态，这种架构形态体现着它的结构。一个较复杂的结构由许多不同的部分组成，这些组成部分通常称为构件。

3 当一个结构受到外力作用时，内部各质点之间的相互作用会发生改变，产生一种抵抗的力，称为内力。应力是构件的单位横截面上所产生的内力，当应力达到某一极限时，结构就会遭到破坏。

4 生产生活中常见的结构都能抵抗来自外界的各种作用力和自身重力。例如，自行车承受人和所载物体的压力及自行车的重力；桥墩承受自身重力及负载的压力、大风的作用力等其他外力。

5 构件的受力形式多种多样，基本受力形式有拉力、压力、剪切力、扭转力和弯曲力。很多情况下，构件可能同时受到几种不同形式的力的作用。

6 分析结构的受力情况时，首先要清楚组成结构的构件受到哪些力的作用；其次要清楚在这些力的作用下，构件能否安全可靠地工作，也就是对构件进行承载能力分析。

实验操作台

实验题目

尼格买提和邓楚涵体重合计 138.5 千克，当他们同时站在已有 300 千克配重的瓦楞纸桥上时，纸桥是否会坍塌？

A. 会

B. 不会

扫一扫，看当尼格买提和邓楚涵同时站在已有配重的瓦楞纸桥上，纸桥是否会坍塌

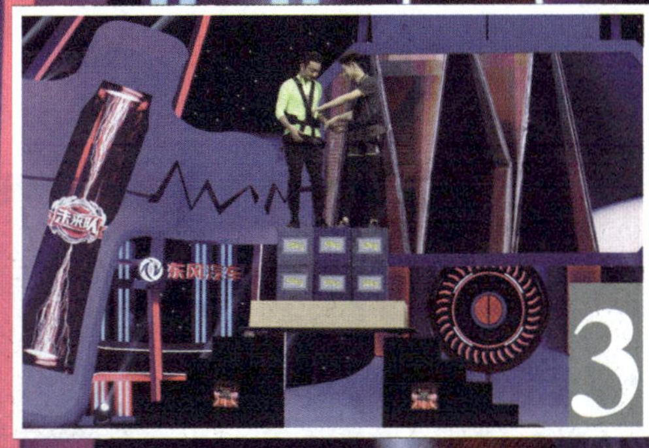

实验情景

现如今，产品包装已经成为产品设计中密不可分的一部分，除了外形美观以外，包装材料的抗压强度也十分重要。网购回来的商品大多用一种瓦楞纸箱包裹着，这种纸箱在远距离运输过程中承受着无数次撞击磕碰的考验。观察一下瓦楞纸箱的结构，本期实验就和它们有关。

实验步骤

1. 将瓦楞纸条弯折成“V”形，多组“V”形瓦楞纸条组成高 25 厘米，宽 70 厘米，长 146 厘米的纸桥。瓦楞纸桥搭在两座高台上，纸桥下安放有压力传感器，可显示纸桥实时承载的压力。

2. 在纸桥上摆放 6 个 50 千克的配重，观察到纸桥没有坍塌，但纸桥内部中有一组 V 形瓦楞纸条出现了折痕。

3. 测得尼格买提和邓楚涵的体重合计 138.5 千克。在威亚的帮助下，尼格买提和邓楚涵依次缓缓落在纸桥上，观察到压力传感器显示的纸桥实时承受压力逐渐上升，瓦楞纸条折痕更为明显，纸桥并未坍塌。

4. 继续增加配重，纸桥在配重增至 591 千克时出现坍塌。

实验证明，正确答案为 B。

原理探秘

最简单的瓦楞纸由波纹形状的纸芯夹在两层平整的纸皮之间构成，在这个基础上也有两层波纹纸芯夹在三层纸皮之间，或者进一步添加其他功能层的高级瓦楞纸。由于波纹形的纸芯和纸皮之间形成了大量截面类似三角形的支撑结构，这些三角形结构相互支持、相互约束，使得瓦楞纸具有很高的强度，其中波纹形纸芯的强度是瓦楞纸强度的关键所在。

本实验所搭建的“纸桥”是让 W 形的瓦楞纸夹在两层瓦楞纸板之间，形成了一个放大版的瓦楞纸，这也让我们更容易看清楚瓦楞纸的受力结构。俗话说立木支千斤，纸张的抗拉、抗压强度其实很大，所以如果让纸张直立起来，它能够承受的力是最大的，因此理论上方格的瓦楞纸才是承重最大的。可是这时纸很容易弯曲，一旦弯曲立刻就失去了支撑能力，而 W 形的结构中纸张的最大受力虽然有所折扣，但此时斜立的纸板之间相互抵住，不容易发生弯曲，总体看来，这样的结构就会比方格的结构强度大。（陈征、吴宝俊）

专家视角

材料本身的性质并不仅由它的组成物质决定，而更可能是由它的结构决定。比如，早先我们说铁是铁，铜是铜，对不对？可是现在，有一种材料叫超材料，这种材料本身的性质只取决于结构，至于具体用哪种东西做没关系。比方说像蝴蝶的翅膀或者孔雀的羽毛，你会发现从不同角度看，有时候它的颜色是不一样的。你以为是绿的、红的东西在变换，可是当你把它放在显微镜底下看的话，你会发现，它组成

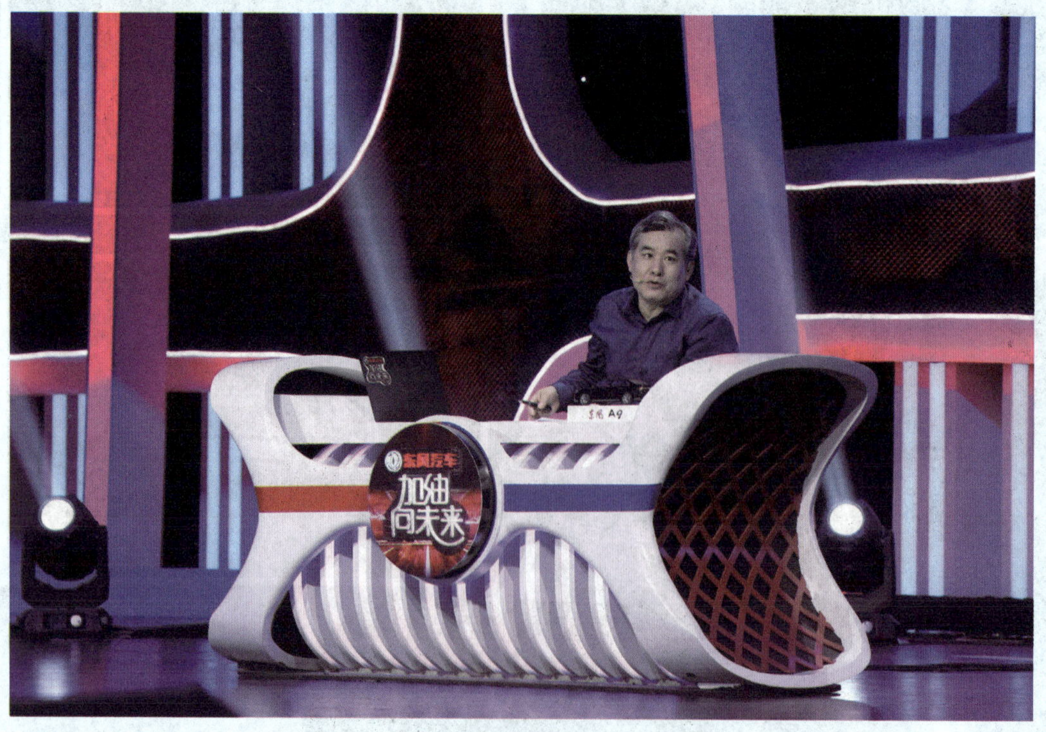

单元差不多，几乎是透明的，是结构让它在不同的方向上只允许不同的光通过，所以你在不同的方向上看到的颜色是完全不一样的，这种新材料就叫光子晶体。

瓦楞纸的实验是非常有趣的一个实验。上面我们介绍了一个体系的许多物理性质不仅取决于它的构成单元，还取决于它整个的组织结构形式。我们看到，瓦楞纸这样一个 W 形的结构可以支撑很大的重量，它的性质实际上很大程度上取决于什么时候出现缺陷，我们说千里之堤溃于蚁穴就是这个道理，就是说会有缺陷。

我们研究材料的断裂力学时还有一个非常重要的概念，伤口自己会长的，而且会越长越大。所以让小尼他们站在那儿，时间足够长的话，也是足以引起桥的倒塌的，这说明时间效应也是一个非常重要的因素。（曹则贤）

用纸制作的桥

别小看平时写字画画用的纸。纸的抗拉、抗压强度其实非常好，只是因为比较薄，所以很容易发生扭曲。只要结构设计得当，让纸不发生扭曲，它就可以发挥立木支千斤的作用。现在全世界风靡着一个比赛，叫作纸桥大赛，就是比赛看谁能用纸搭建出最结实的桥梁。你可以试试，用一张普通的 A4 打印纸，剪成四部分分别卷成筒，如果你制作得好，甚至能够让一个人站在上面。

生活显微镜

为什么三角形最稳定

从数学上看，三角形有一个特点，就是只要给定三条边长这个三角形的形状就完全确定了，包括它的夹角。也就是说，三角形构成的结构，只要他这边不被破坏，它就不会发生变形。而对四边形而言，如果只给定四条边长，却无法确定四边形的形状。因为夹角可以有许多种情况。以四条边都相等的情况为例，它可以是一个正方形，也可以是正菱形或者普通的平行四边形。

为什么钢筋混凝土中的钢筋都是矩形的

既然三角形最稳定，而四边形不是一个稳定的形状，很容易发生变形，那为什么钢筋混凝土中的钢筋却是编成了矩形的笼子呢？平时我们的建筑为什么不都修成金字塔那样的三角形，而都是矩形的呢？

其实钢筋只是两条直角边，浇筑进去的混凝土起到了另一条斜边的作用。而你看到了四四方方的房子，强面、屋顶、地板都是有厚度的，被材料填充的部分充当了三角形的斜边。在结构工程师的眼里，所有的受力结构都充斥着大量的三角形元素。

实验二 车内高温

新课标知识点 · 太阳能

1 人类生活环境的温度起伏大约几十摄氏度：地球表面的平均温度约为 15 摄氏度，为生命的存在提供了舒适的温床；居住房屋的室温通常在 20 ~ 30 摄氏度的范围。

2 太阳距离地球 1.5 亿千米，它的直径大约是地球的 110 倍，体积是地球的 130 万倍，质量是地球的 33 万倍，核心的温度高达 1500 万摄氏度，表面温度约 6000 摄氏度，再过 50 亿年才会燃尽自己的燃料。

3 在太阳内部，氢原子核在超高温下发生聚变，释放出巨大的核能。因此可以讲，太阳核心每时每刻都在发生氢弹爆炸，比原子弹的威力更大。太阳向外辐射的能量中，只有约二十亿分之一传递到地球。

4 人类除了间接利用贮存在化石燃料中的太阳能外，还设法直接利用太阳能。目前直接利用太阳能的方式主要有两种：一种是用集热器把水等物质加热；另一种是用太阳能电池把太阳能转化成电能。

5 平板式集热器的箱面是玻璃，内部有涂黑的吸热板，可以吸收太阳辐射并转化为内能，从而将集热器管道内的水流加热。

6 太阳能是一种具有良好开发前景的新能源。太阳辐射到地球的能量是巨大的，每年可以达到 10^{24} 焦耳。相对于人类的历史来说，太阳能是取之不尽、用之不竭的。同时，太阳能是一种清洁能源，太阳能的利用对环境的影响很小。

实验操作台

实验情景

科学实验并不是冷冰冰的，“航天返回舱高热”和“人体热能上升气流”两期实验从不同的切入角度阐释了与“温度”相关的科学现象。本期试验同样与高温有关，他不是摩擦生热也不是生化反应，而是炎炎夏日里几乎每天都会接触到的太阳辐射。

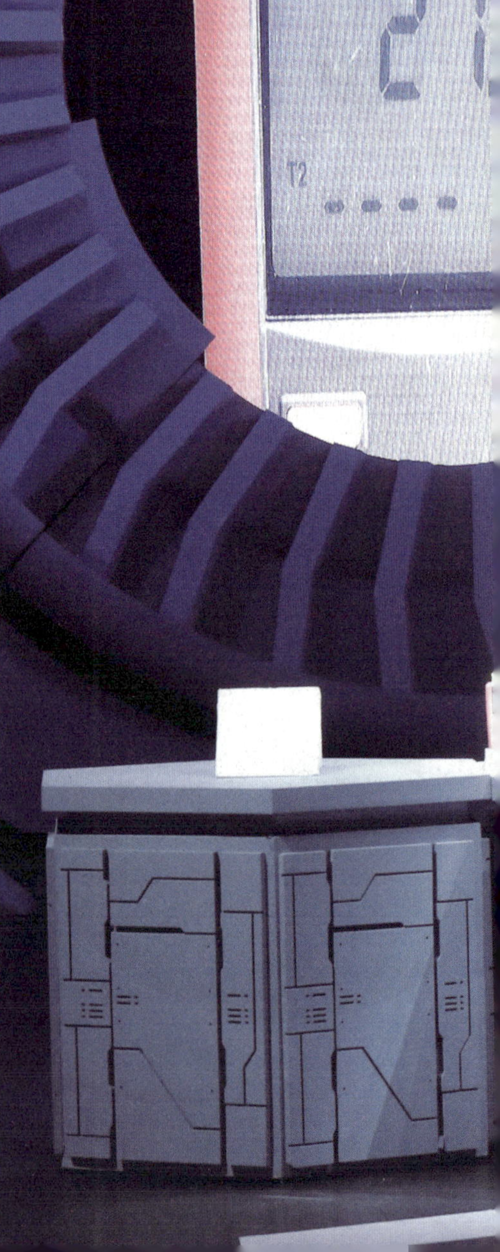

实验题目

将乳酸菌饮料、生鸡蛋和青虾放入汽车内，汽车经历长时间暴晒后，以下哪种现象不会发生？

A. 乳酸菌饮料爆炸

B. 整颗鸡蛋被蒸熟

C. 虾被烤红

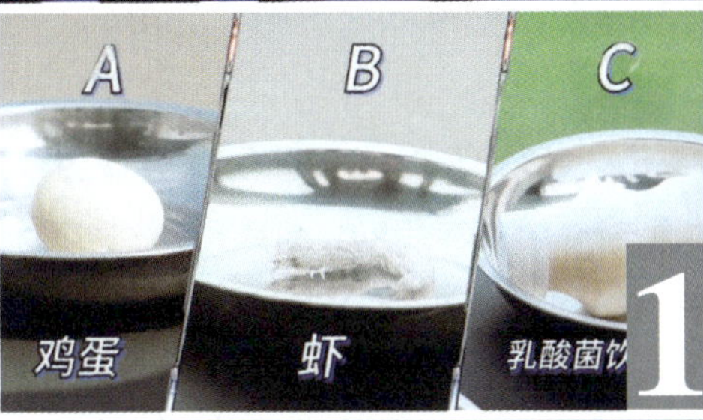

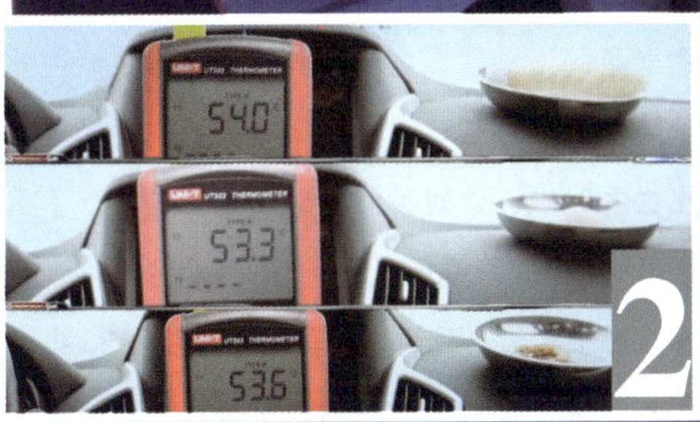

实验步骤

1. 将鸡蛋、青虾和乳酸菌饮料同时放在黑色汽车靠近前挡风玻璃的位置接受高温炙烤。

2. 将热电偶放在车内阳光照射不到而又靠近实验材料的位置，用来显示车内实时温度。

3. 将汽车放置在阳光下晒 8 个小时，打开车门，观察到乳酸菌饮料已经爆炸，青虾被烤红，而磕破鸡蛋后，鸡蛋仍呈流质，并没有被蒸熟。

实验证明，正确答案为 B。

扫一扫，看将乳酸菌饮料、生鸡蛋和青虾放入车内，并让车经历长时间暴晒，不会发生的现象是什么

原理探秘

暴露在阳光下的汽车同时经历着两个过程：一个是从阳光中不断吸收红外热辐射的吸热升温过程；另一个是当车辆的温度比周围的环境温度高时，不断通过向周围传热和散发红外热辐射的散热降温过程。

太阳光中能让物体吸收发热的主要是红外热辐射部分（红外线）。红外线的吸热和发射过程都和颜色有很大关系，黑色吸收阳光中红外线的能力较强，所以吸热比较快，但同时黑色向周围环境发出红外线的能力也较强，因此散热也会快一些；白色吸收红外线的能力比较弱，所以吸热的速度慢，但同时向周围环境释放红外线散热的能力也相对较弱。车身通过和周围空气接触而散热的过程则和颜色没有太大关系，只和车体与环境温度之间的差值，接触面积、车体材料的导热能力等有关。

总的来说，车辆的吸热过程取决于太阳光强弱，但车辆的放热过程无论是通过红外线散热，还是通过接触散热，都和车自身温度有关，车身温度越高，放热速度也越快。

一段时间暴晒下的车辆，一般是黑色升温快，而长时间暴晒的车辆，吸热和散热过程达到平衡，车内温度通常是由环境温度决定的，不同颜色的车辆差别并不大。

实验证明，长时间暴晒的车内温度能够达到五十多摄氏度，超过四十多摄氏度就会让青虾变红，而让蛋白质变性需要六十多度的温度，因此鸡蛋是熟不了的。乳酸菌饮料长期暴晒而爆炸则比较复杂，一般认为和乳酸菌活性增加及气体热膨胀有关。（陈征、吴宝俊）

专家视角

首先，我们人类，或者别的生命体也一样，本身是一个高度有组织的、偏离平衡态的体系。这个体系里一直发生着各种过程，但是我们要记住，不管外面的环境到底是多冷多热，我们要想正常生存下去，一定要往外散热，因为我们自己的活动是产生热的，这就要求我们往外散热，一旦外部环境温度很高，我们的热散不出去的时候，这对我们的破坏其实是在分子水平上的，器官衰竭或者出不出汗都是后期表现。

对于实验，我们知道乳酸菌升温到 50 摄氏度的时候，它的活性增加，活动加快，从而释放大量的二氧化碳。这个温度效应是通过细菌的活性体现的，如果是一瓶矿泉水的话，大概 30 摄氏度、50 摄氏度也没关系。虾青素变红差不多 40 摄氏度就行了，而鸡蛋没有反应是因为蛋白质变性差不多应该在 60 摄氏度，不仅我们车内的温度没达到，而且加上有一层蛋壳的保护，传热也比较差，这就是为什么鸡蛋没有被蒸熟。

还有一点，我们大自然里面发生的很多现象其实对温度的要求都非常高，非常精确，比方说人体的温度，差半度、差一度人就不舒服了。而孵化动物的时候，有些动物的孵化温度差半度，就会影响到后代雌性和雄性的比例，这半度的差别是非常神奇的。（曹则贤）

生活显微镜

不要把孩子锁在车里

太阳距离地球大约 1.5 亿千米，它是我们地球最主要的能量来源，地球上的一系列活动所消耗的能源，最终都可以归结为太阳能。在大气层外的人造卫星测得太阳对整个地球的辐射功率大约是 1368 瓦每平方米。虽然地球绕太阳的运行轨道是一个椭圆距离，太阳辐射到达地球的功率也会有所变化，但这个变化幅度一般不超过 1%。

太阳辐射能量中大约有 30% 被大气层反射回太空，另外有 23% 被大气层吸收，最终有大约 47% 的辐射能到达地面。另外由于地球是个球体，不同纬度上实际接收太阳光的角度不同，所以单位面积上的功率会进一步减弱。但以北京地区为例，实测表明在夏天正午的时候，地面上接受的太阳功率还是能够达到 500 瓦每平方米。

到达地面的太阳辐射中有接近一半是热效应明显的红外线。一辆普通轿车车顶的截面积有 8 ~ 10 平方米，如果我们假设车辆的吸热效率是 50% 的话，那么在阳光下，车辆就相当于在以 1000 瓦的功率不断吸收热量。而轿车车内空间的空气只有不到两立方米，空气的密度约为 1.29 千克每立方米，也就是说，车内的空气总质量不足 2.6 千克，而空气的比热容大约是 1000 焦耳每千克开尔文（绝对温标，如果只计算绝对温标的差值，这个差值和摄氏温标的差值一样）。稍作计算就可以发现，如果不考虑车辆的散热，在理论上车内空气的温度大约每秒升高 0.4 摄氏度，这意味着只需要两分钟就能让车内空气的温度升高 30 ~ 40 摄氏度。实际实验的测量也发现，在阳光暴晒下的车辆，在很短的 3 ~ 5 分钟内就能升高到 40 ~ 50 摄氏度。这个温度足以让处于车内的人生理活动出现异常，甚至出现致命危险。媒体也不止一次地报道过孩子被锁在车里发生意外的悲剧。

所以，请不要小看阳光下暴晒的那几分钟，千万不要把孩子锁在车里！

实验三 招飞心理实验

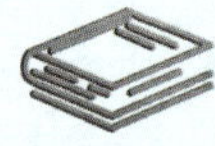

新课标知识点 · 人体对外界环境的感知

1 人体的各种感觉是靠分布在身体不同部位的感受器（感受外界刺激的结构）获取的。有些感受器比较简单，比如皮肤里的感觉神经末梢；有些感受器带有附属结构，被称为感觉器官。

2 物体反射的光线进入人的眼睛，依次经过角膜、瞳孔、晶状体和玻璃体，落在视网膜上形成一个物像。当视网膜上对光线敏感的细胞获得图像信息时，会通过视觉神经将信息传给大脑的特定区域，大脑立即处理有关信息，形成视觉。

3 外界的声波经过外耳道传到鼓膜，鼓膜的振动通过听小骨传到内耳，刺激了耳蜗内对声波敏感的感觉细胞，这些细胞就将声音信息通过听觉神经传给大脑的一定区域，人就产生了听觉。

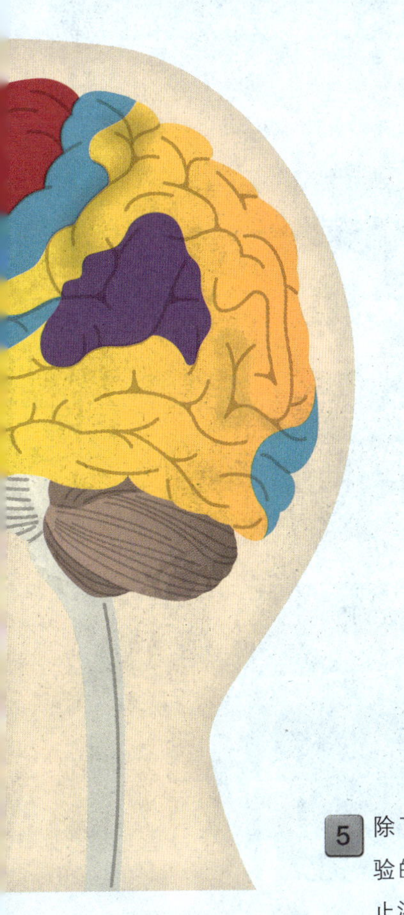

4 人体通过神经系统，对外界或内部的各种刺激所发生的有规律的反应，就叫反射。缩手反射、眨眼反射和膝跳反射等，都是人生来就有的反射，此类反射只要出现刺激，正常的人体都会做出相应的反应，而不需要先经过大脑的分析和判断。

5 除了上述简单的反射，人通过长期生活经验的积累，还能形成复杂的反射。“望梅止渴”就是一个典型的例子。梅子是酸的，凡是吃过梅子的人，再见到梅子时，也能出现分泌唾液的反射。这是通过经验积累形成的较复杂的反射。

实验操作台

实验情景

在之前的“模拟太空”实验中，我们已经通过实验验证了高空环境的复杂性和危险性。一次安全的飞行旅程除了外在的硬件为飞行员提供保障以外，飞行员的基本素养同样十分重要。空军招飞过程中会进行哪些有趣的测试呢？为什么要对学员进行这种考察呢？

实验题目

以下三个测试中，哪一个不是空军招收飞行学员会涉及的考察方向？

A. 模仿操

B. 一心二用

C. 蒙眼走直线

实验步骤

1. 模仿操测试。模仿操分为体操和舞蹈两部分，4 位学员观察记忆领操员动作后模仿其动作自行表演四个八拍。测试学员的观察能力、模仿能力和身体的协调性，测试中只有 1 位学员顺利完成。

2. “一心二用”测试。屏幕上会出现 7 条小鱼，它们会不间歇游动 15 秒，跟踪指定的 3 条小鱼。在测试中，主持人出 4 道数学计算题，学员在观察的同时完成计算并写下得数，测试结束后，4 位学员需先在答题本上圈出指定的 3 条小鱼再报出计算题的得数。测试主要考察飞行员处理信息的能力，既要把事情做好，又要兼顾其他方面的信息来源。测试中只有 1 位学员顺利完成。

3. 蒙眼走直线。4 位学员蒙上眼罩直线行走，测试中 4 位学员均未能完成实验。

实验证明，正确答案为 C。

扫一扫，看刚才的三个测试，哪一个不是空军招收飞行学员会涉及的考察方向

原理探秘

人体维持自身的平衡和感知方位主要通过两个功能来实现：第一是人体自身的体感，主要通过我们内耳的半规管以及相关的一些器官来实现；第二是通过我们眼睛看到外界环境，利用视觉反馈来实现维持人体的平衡和判断方位。这两套系统当中，视觉反馈是主要方式，也是精度较高的方式，而体感则相对较弱。体感系统的能力因人而异，差异很大，但通常来讲都比通过眼睛反馈获得的平衡感要差很多，而且只能感知重力或加速运动，对匀速或接近匀速的水平面上的运动则几乎无法感知，因此绝大多数人在蒙上眼的时候都很难走出直线。

空军飞行员需要非常精确的对空间和方位的感知判断，如果使用体感来判断，无论如何训练，精度都不佳，无法完成任务。所以空军飞行员一般都要求视力好，反应快，这样除了便于观察以外，对精确感知方位也有很大帮助，但空军招飞对蒙眼走直线没有要求。

对“一心二用”而言，我们的手脚在执行大脑指令的时候，通常存在竞争关系。有脑电图实验研究表明，我们的动作是由大脑运动前区控制的（左右半脑都有），运动时往往两侧半脑的运动前区都被激活，但竞争后只对运动手（比如左手）对侧半脑（比如右脑）的运动皮质发出指令，所以普通人通常难以一心二用。然而飞行员在驾驶飞机的过程中，常常需要左手和右手同时完成不同的工作，因此就要克服左右脑之间的竞争，让它们能够平行地工作，或者快速地在左右之间切换，使得表面上看不出时间顺序仿佛同时进行一样。“一心二用”是飞行员非常重要的能力，因此是招飞的重要条件之一。

飞行员学习驾驶的重要途径就是模仿学习，因此模仿能力也是必备条件。（陈征、吴宝俊）

专家视角

我们所说的招飞心理选拔并不是说我们要找那种勇敢的、胆子大的人，这里头还包括了注意力、记忆力、性格，这些都在我们的考察范围之内。应该说我们的招飞心理选拔是用一种心理测量的方式，把我们这些被选拔的对象，按照军事航空这个职业所需要的心理品质进行区分,然后从中去找到那些更适宜这个行业的人。（王嫣嫣）

空军飞行员是国家的基因和社会的宝贵人才，是空军战斗力生存的主体。建设一支与大国空军、现代空军以及战略空军相匹配的飞行人才队伍，是时代和人民对我们招飞工作者的殷切希望，也是我们坚持不懈、孜孜以求的奋斗目标。空军招飞主要包括政治考核、身体检查和心理选拔以及文化筛查四个方面，注重对学生的全面考核、综合评优，形成一套科学、务实以及公正的检测系统。确保每一个优秀的学生都能成为一名飞行员。

21世纪是空天世纪，少年强、国家强、空军强，我们热情欢迎青少年英俊加入蓝天应征，实现自己的飞天梦想，圆自己的航天梦，报效祖国，为祖国分忧。（曹文革）

生活显微镜

一心二用

同时做两件事情，不是出错就是多花时间，这种现象被称为双任务干扰。到底是什么原因导致了这种现象？大脑到底是怎么工作的？

2014年，在自然神经科学杂志上有科学家报道了他们的研究。他们让猕猴同时完成需要记忆和需要集中注意力的两项任务，结果发现猕猴完成任务的准确率会降低，反应时间也会增加。通过对猕猴大脑的监控，发现猕猴大脑中汇总神经信息的额叶联合区的活动，在两项或者多项任务同时进行时，相比于只完成一项任务时，承担各项任务指令传输的神经细胞活动大幅降低。这说明发生双任务干扰时，分别承担两项任务的神经元，相互抑制了对方。

另有一些科学家在学术期刊《神经元》上报道了他们的研究成果。他们通过实验证明，大脑同时做两件事时，并不是大脑的不同部分分别处理了这两项不同的工作，实际进行工作的都是额叶前部皮质层。所谓同时做两件事，其实是大脑不断地从一件事切换到另一件事，这个切换是需要时间的。虽然通过锻炼可以在一定程度上缩短这个时间，但不可能无限缩短。练习的效果也取决于事情的难易程度，事情越难，切换的时间越慢。

总的来说，同时进行两件事所耗费的时间和精力往往比单独完成两件事总共需要的时间和精力还长。因此，除了飞行员这样特殊的行业之外，对于大多数人而言，我们还是更应该集中精力，一件一件把事情做好，而不是一心二用。

心理实验

心理实验技术

1879 年，冯特在德国莱比锡大学创建了世界上第一个心理学实验室，标志着心理学从此成为一门独立的实验科学。为了与过去的心理学有所区别，人们将这时开始的心理学称之为科学心理学，它作为一门学科的发展历史至今仅一百多年。从心理学的历史发端我们可以看出，实验研究方法在其中起到了举足轻重的作用。

和古代心理学的差异

当代心理学跟古代心理学的本质差异主要表现在研究方法和手段上。19 世纪以前，哲学家多采用“思辨”的方法去探讨心理现象。他们运用臆测、内省、推理和直觉，或基于个人的主观经验来推测心理的本质。他们常被心理史学家们称为“安乐椅上的心理学家”。现代心理学家则特别注重采用观察、调查、访谈和实验等方法来研究，各种技术手段对心理科学的产生和发展轨迹有着关键性影响。

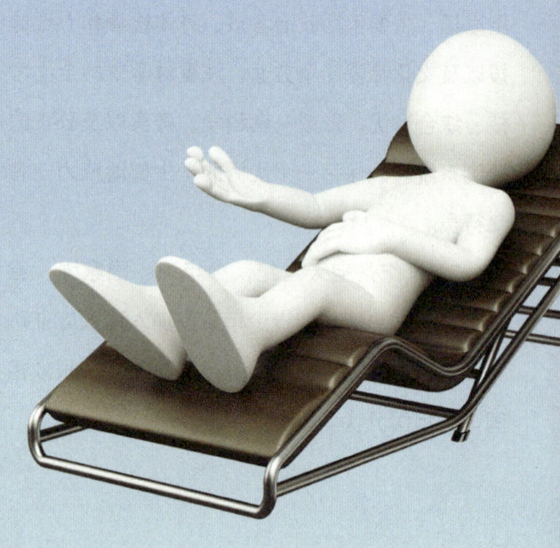

心理实验技术分类

莫雷等人对传统的心理学研究方法体系重新进行了建构，提出双层次的研究方法与技术体系。他们将变量数据的获得方法（即主要指心理学的实验研究技术）总体上概括成三类：第一类是测评法；第二类是实验心理范式；第三类是认知神经科学范式。其中，第二类和第三类方法区别于第一类的“测评法”，是同属于实验法的技术范式。实验法是目前心理科学乃至现代自然科学最主要的研究方法。

未来发展趋势

当前，认知神经科学技术不是研究所有心理问题的万能法宝，因为这些技术只能告诉我们某一种意识活动是发生在脑的某一个区域或某一些区域，并不能回答为什么这个或这些脑结构的活动会导致相应心理或行为的发生。

这些技术上的缺陷已经成为制约当前脑与意识研究的瓶颈。当然，这些缺陷也正是未来新技术革新和发展的方向。

摘自：曾祥炎，《现代心理实验技术的发展与应用》，原文见《心理技术与应用》2013 年第 1 期，第 32 ~ 36 页。

实验四 中国天眼“FAST”

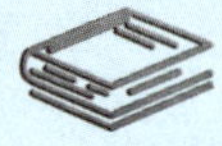

新课标知识点·经典力学的局限性

1 19世纪末20世纪初，物理学研究深入到微观世界，发现了电子、质子、中子等微观粒子，而且发现它们不仅具有粒子性，同时还具有波动性，它们的运动规律在很多情况下不能用经典力学来说明。这就是说，经典力学一般不适用于微观粒子。

2 万有引力的发现解释了天体运动的规律，并预言了海王星的存在。它首次使地面物体的运动规律与天上星体的运动规律统一起来，把经典力学推向了高峰。

3 按牛顿的万有引力定律推算，行星的运动应该是一些椭圆，行星沿着这些椭圆做周期性运动。然而，实际的天文观测告诉我们，行星的轨道并不是严格闭合的，它们的近日点在不断地旋进。

4 爱因斯坦预言光线在经过大质量星体附近时，如经过太阳附近时会发生偏转等现象，这一预言被观测证实了。

5 在太阳或者行星的引力场中，由爱因斯坦或牛顿的理论得出的引力没有很大的差别。但是宇宙中有一些天体。例如白矮星，它们的质量接近太阳，半径却与地球差不多，因此密度高达 10^{8} ~ 10^{10} 千克每立方米，中子星的密度更达 10^{16} ~ 10^{19} 千克每立方米。这些天体表面的引力比我们常见的引力强得多，牛顿的引力理论已经不适用了。

实验操作台

实验情景

1609年，意大利天文学家伽利略发明了第一台光学天文望远镜，人们开始用科学的方式来仰望星空。几个世纪后的今天，中国的科学家建造了一台充满“魔法”的装置，它就是500米口径球面射电望远镜。我们更习惯称它为“FAST”。

“FAST”的6个馈源支撑塔牵引6根钢索，悬空吊起射电望远镜的馈源舱，接收来自宇宙的电磁信号。

2016年9月17日，“FAST”在试观测时接收到了信噪比较高的脉冲星信号。

超导超流体形成的中子星边缘的旋转速度可以快到接近光速，这样转动的能量加速电子就会产生电磁脉冲。当电磁脉冲扫过地球时，我们就会看到我们所说的射电脉冲星。

为什么中子星的旋转速度这么快，关于旋转的科学常识又有哪些呢？

实验题目

在初始转速相同的情况下，高空杂技演员做以下哪种变换姿势的方式能让旋转速度加快？

A. 由“大”字形变“一”字形

B. 由“一”字形变“大”字形

C. 以上两种方式都可以

扫一扫，看在初始转速相同的情况下，哪种变换姿势的方式能让旋转速度加快

实验步骤

1. 两名杂技演员伴随音乐进行空中吊环表演。处于下方的杂技演员用向后仰起的脖颈钩住绳带，处于上方的杂技演员抓牢绳带。两杂技演员仅靠绳带联系在一起，使得处于下方的杂技演员可以自由活动四肢并进行转动。

2. 杂技演员身体呈“大”字形进行自由旋转，收缩双臂，使身体呈“一”字形，观察到演员身体旋转速度加快。

3. 张开双臂，身体变换为“大”字形，观察到旋转速度变慢。

实验证明，正确答案为 A。

原理探秘

天文学上把像太阳这样发光发热的天体称为恒星，我们生活中所说的星座，其实就是银河系里的恒星组成的图案。

恒星发光发热需要消耗能量，这个能量来自于恒星内部的核聚变反应。同时，恒星内部也主要依靠核聚变产生的向外扩张的力来对抗恒星自身的万有引力，以此来维持稳定。

恒星内部核聚变是个复杂的过程。它会消耗恒星内部的氢，形成氦，氦有可能继续聚变形成碳和氧，这聚变程度与恒星的质量有关。在这个过程中恒星内核的质量会增大，引力进而越来越大，恒星核聚变原料又会逐渐减少，当核聚变的能量无法抵抗万有引力时，恒星就会坍缩。

恒星的演化的最终冷态包括：白矮星、中子星和黑洞。像太阳这样的恒星，核心燃料用尽之后会坍缩成为致密的白矮星。质量更大的恒星，则在坍缩时会成为密度非常高的中子星或黑洞。

在中子星的形成过程中，恒星遭受到巨大的压缩，恒星物质中的电子被压入质子，转化成中子（中子星因此而得名），直径大约只有十几千米，但密度奇大。在塌缩过程中，中子星保留了初始恒星的大部分的角动量，但半径则变得特别小，致使其转动惯量大幅减少，因而产生非常高的自转速率。

中子星如果磁轴和自转轴不重合，在旋转时磁场产生的电磁辐射就会周期性的变化。这样的电磁波扫过地球，类似于灯塔上灯光扫过渔船。这样周期性的电磁波“脉冲”被地球上的天文学家发现，脉冲星便因此而得名。脉冲星的英文名是Pulsar，译为脉冲星，也音译为波霎。（吴宝俊）

专家视角

首先大家注意到，实验一开始介绍的FAST叫FAST 500，这个500强调的是它的口径500米。为什么我们做天文望远镜要强调口径？并且认为口径做得越大越好呢？大家可以想象一下，我们要用天文望远镜看遥远的宇宙，距离我们越远的地方发出的光到达我们时越微弱。因此，天文望远镜的第一个功能首先是对光的收集，所以要求它的口径要特别大。

其次关于脉冲星，脉冲星是使用天文望远镜观测出的一个非常重要的、标志性的发现。脉冲星是1967年11月28日晚上发现的，发现者是一位女研究者，乔瑟琳·贝尔。当时脉冲从我们的地球表面扫过，持续时间只有1.33秒。这是一个非常微弱的信号，捕捉到它其实靠的不是眼睛，依靠的实际上还是知识背景和对这个问题的理解。

脉冲星每秒钟差不多转将近700圈，大约相当于每分钟40000转，我们飞机的发动机或者实验室用的分子涡轮泵差不多也是这个水平。

接下来谈一下转动，一个物体转动起来，我们描述它的转动的量并不是简单的质量，而是一个叫作转动惯量的量，这个量实际上谈论的是转动体的质量是怎么分布的。规定为每一点的质量乘以离轴距离的平方，然后积分起来，得到的量叫转动惯量。我们可以简单地说，一个球体绕着它的轴转动或者一个柱体绕着它的中心轴转动，其转动惯量正比于它的质量，也正比于转动半径的平方。对于一个已经转动起来，也不再有外加动力的转动体来说，当它的转动惯量增大的时候，它的转动的角速度就会减小，反过来，当它的转动惯量减小的时候，它的转动的角速度就会增大。（曹则贤）

生活显微镜

天文望远镜

天文望远镜（Astronomical Telescope）是观测天体和天文现象的工具，没有望远镜的诞生和发展，就没有天文学。

1609 年，伽利略制作了人类第一台用来进行天文观测的望远镜，其口径 4.2 厘米，长约 1.2 米。以平凸透镜作为物镜，凹透镜作为目镜。伽利略用这架望远镜指向天空，得到了一系列重要发现，天文学从此进入了望远镜时代。这种望远镜也被后人称为伽利略式望远镜。

伽利略式望远镜是一种光学望远镜，它接收可见光，可以用眼睛直接进行观测——由于 Optical 这个词既翻译为“光学的”，也有一个意思是指“眼球的”，故而可以直接用眼睛来进行观测的望远镜也叫光学望远镜。同理，能够用眼睛直接观察显微镜叫作光学显微镜。

可见光是一种电磁波，但电磁波并不只包括可见光。频率由低到高（相应的波长由长到短），电磁波可以分为：无线电波、微波、红外线、可见光、紫外线、X 射线和伽马射线。人的眼睛只能看到可见光（相应波长为 380 纳米到 760 纳米左右）范围的电磁波，对于这个范围外的电磁波，人的眼睛只能看到漆黑一片。

由于地球大气对电磁波有严重的吸收，人类在地面上进行观测，只能接收射电、可见光和部分红外波段的信号。其中射电波段主要包括无线电波、微波，频率在 30MHz 到 300GHz。而射电天文望远镜，就是接收射电信号的望远镜。

最近几十年，射电天文学异军突起，射电望远镜的发展在天文学的发展中扮演了举足轻重的作用，20 世纪 60 年代天文学的四大发现：类星体，脉冲星，星际分子和宇宙微波背景辐射，都是用射电望远镜观测得到的。

目前世界上最大口径的球面射电望远镜，是我国在贵州省黔南布依族苗族自治州平塘县建设的 500 米口径球面射电望远镜（Five-hundred-meter Aperture Spherical radio Telescope），简称“FAST”。它被誉为“中国天眼”，由我国天文学家南仁东于 1994 年提出构想，经过天文学家们 22 年努力，在 2016 年 9 月 25 日落成启用。

实验五 氧化还原反应

新课标知识点·氧化还原反应

1 化学反应的实质是原子之间的重新组合。从原子结构来看，原子核外的电子是分层排布的。原子核外电子的排布，特别是最外层电子数目与化学反应有密切的关系。

2 我们知道，元素化合价的升降与电子转移密切相关。因此，要想揭示氧化还原反应的本质，需要从微观的角度来认识电子转移与氧化还原反应的关系。

3 有电子转移（得失或偏移）的反应是氧化还原反应。氧化反应表现为被氧化的元素的化合价升高，其实质是该元素的原子失去（或偏离）电子的过程；还原反应表现为被还原元素的化合价降低，其实质是该元素的原子获得（或偏离）电子的过程。

4 氧化剂和还原剂作为反应物共同参加氧化还原反应。在反应中，电子从还原剂转移到氧化剂，即氧化剂是得到电子（或电子对偏向）的物质，在反应时所含元素的化合价降低。

5 氧化剂具有氧化性，反应时本身被还原。还原剂是失去电子（或电子对偏离）的物质，在反应时所含元素的化合价升高。还原剂具有还原性，反应时本身被氧化。

实验操作台

实验情景

小手不小心被划伤时，我们可以到药店购买碘酒或者双氧水进行消毒。

本次实验用到的化学用品就与它们有直接关系。利用什么样的方法才能高效快捷地去除粘在衣物上的碘酒污渍呢？来自北京化工大学国家重点实验室的戴伟教授将为我们揭晓其中的秘密。

实验题目

以下哪种溶液不能去除衣服上的碘酒污渍？

A. 维生素 C

B. 双氧水

C. 大苏打（硫代硫酸钠）

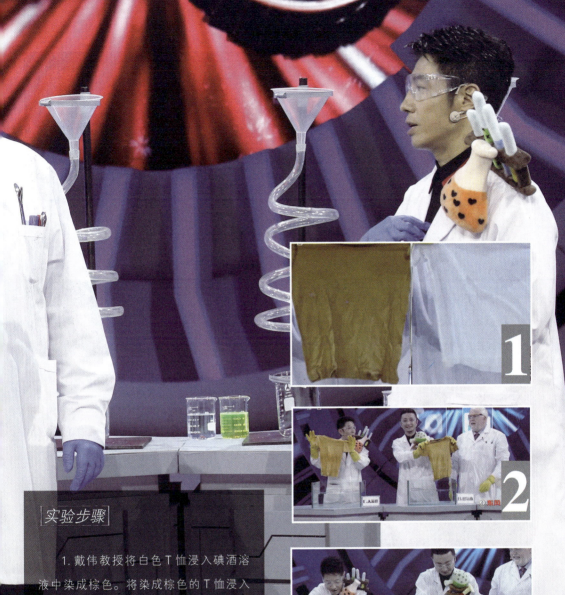

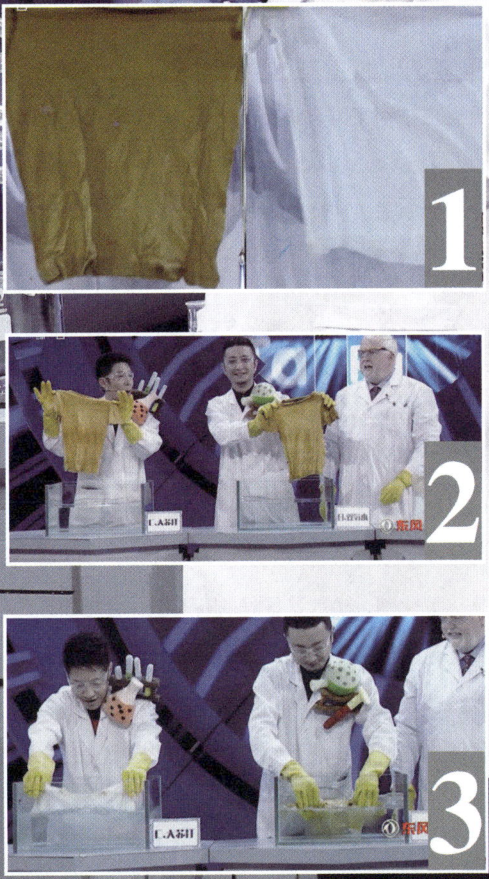

实验步骤

1. 戴伟教授将白色T恤浸入碘酒溶液中染成棕色。将染成棕色的T恤浸入到维生素C溶液中洗涮，观察到棕色T恤褪色重新变回白色。

2. 两名主持人将2件白色T恤浸入到碘酒溶液中染成棕色。

3. 将浸过碘酒的棕色T恤分别放到盛有大苏打溶液和双氧水溶液的玻璃缸中洗涮。观察到，大苏打溶液将棕色T恤重新洗白，双氧水溶液只将棕色T恤颜色洗浅。

实验证明，正确答案为B。

扫一扫，看哪种溶液不能去除碘酒污渍

原理探秘

氧化还原反应（oxidation-reduction reaction或redox reaction），是与人类生活密切相关的化学反应。最初狭义的氧化还原反应是指有氧参与的反应：与氧化合的反应是氧化反应，而从含有氧的化合物中夺走氧的反应是还原反应。随着化学理论的发展，在化合价的概念诞生后，氧化反应指化合价升高的反应，还原反应指化合价降低的反应。而在氧化数的概念被提出后，氧化还原反应被定义为化学反应前后，元素的氧化数有变化的反应。其中氧化数又叫氧化态，也就是中学课本中所说的化合价。氧化还原反应的微观实质是元素电子的获得与失去，或者元素间共用电子对的偏移。氧化反应与还原反应同时存在，一种物质被氧化，同时就会有一种物质被还原，二者共同组成氧化还原反应。

本实验考察双氧水、维生素C和大苏打（硫代硫酸钠），哪个可以还原碘。碘酒主要的成分是碘单质，被还原后会变成碘离子。维生素C是抗氧化剂，也就是很好的还原剂，会把碘还原成无色的碘离子。大苏打也是很好的还原剂，可以把碘还原为无色的碘离子。双氧水呈弱酸性，是弱氧化剂，不是还原剂，不能把碘离子还原褪色。（吴宝俊）

专家视角

现在很多人有误会，觉得化学跟生活无关。但实际上，化学跟生活有非常密切的关系。我们人体里面就存在很多化学反应，一个人的化学反应停了会怎样？GAME OVER。我们人体里面有重要的氧化还原反应。例如我们吃的食

物会被分解变成葡萄糖，葡萄糖在细胞中被我们呼吸的氧气氧化了，产生二氧化碳，氧气被还原变成水，这个反应很重要，因为它会放出人体需要的热量。但这是一个慢速的反应，毕竟如果在身体里面突然放出大量的能量，就会造成对身体的破坏。因而葡萄糖在细胞中被氧化时，会慢慢放出能量，适合我们生存需要。但是在其他的情况，需要氧化还原反应在很短时间放出大量的能量。对于这种氧化反应，张老师会给出一个很好的例子。（戴伟）

我们国家的航天技术非常的发达。我们要到太空去，或者向太空发射卫星，都需要通过火箭来实现。在火箭的发射过程中，推动火箭的能量就来自于火箭发动机燃料里面的氧化剂和还原剂的剧烈反应。但是能够产生剧烈能量释放的燃料也不都是好燃料。我们以前用的燃料由于技术和经济成本的原因，虽然作为燃料效率很高，但有毒，会污染环境。所以，科学家一直致力于寻找既能够产生剧烈的氧化还原反应，又没有毒，不会污染环境的燃料和技术。最近我们国家已经

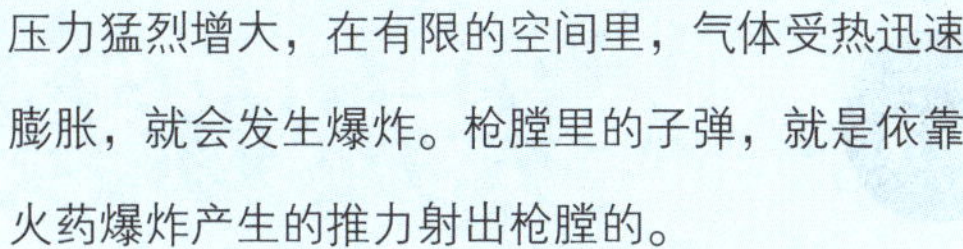

掌握了这种技术，我们的“长征五号”现在就使用了清洁无毒的燃料，这是未来的发展方向。所以掌握化学的知识，也使我们的航天能力变得越来越强大，使我们的生活变得更加美好。（张双南）

生活显微镜

黑火药与氧化还原反应

黑火药是我国古代的四大发明之一，距今已有上千年的历史。它一直被中国人用作焰火、爆竹和火箭的纵火剂，也是人类早期枪弹、炮弹发射的化学用品。我国宋元时期的火铳，就以黑火药为发射弹丸的燃料。后来黑火药经阿拉伯传至欧洲，被广泛应用于军事，直至无烟火药诞生后才被取而代之。

黑火药配置口诀是一硫二硝三木炭，着火时主要发生如下化学反应：

$$2KNO_3 + S + 3C = K_2S + N_2\uparrow + 3CO_2\uparrow$$

在这个过程中，硝酸钾分解会放出氧气，与木炭和硫黄燃烧，发生剧烈的氧化还原反应，瞬间产生大量的氮气和二氧化碳，并放出大量的热。氮气和二氧化碳在此过程中温度迅速升高，导致压力猛烈增大，在有限的空间里，气体受热迅速膨胀，就会发生爆炸。枪膛里的子弹，就是依靠火药爆炸产生的推力射出枪膛的。

黑火药的燃烧的产物包括二氧化碳和水，还有氮氧化物，少量 CO、K_2CO_3、K_2SO_4 和 K_2S_2 等，生成物中有许多固体物质残渣。在爆炸过程中，固体生成物的微粒一部分会分散在气体里，产生大量的烟，另一部分和水混合，会成为阻塞枪管的污垢，因而最早使用黑火药的枪支发射效率并不高。

化学在医药中的应用

在被蚂蚁或者蜜蜂蜇伤后，皮肤会出现红肿以致疼痛感，这都是由一种化学物质引起的，即甲酸。人们在感冒发烧时，会使用阿司匹林这种药物，阿司匹林中主要化学成分为乙酰、水杨酸，它具有很好的抗风湿和解热镇痛效果，而且还具有预防治疗作用。水杨酸可以称为柳酸，在柳树、水杨树以及很多植物中常见，它具有很好的杀菌和防腐特性，运用它可以进行杀菌防腐，在消毒剂中常见。化学在医药中的应用随处可见，医药运用化学元素进行技术革新，不仅是医药行业的一个重大进步，也为人们的生命健康带来了很大便利，对于很多疾病的预防和治疗都起到了重要作用。

摘自：封金硕，《化学在生活中的应用》，原文见《化学设计通讯》,2017 年第 12 期，第 227 ~ 243 页。

实验六 果蔬嫁接

新课标知识点 · 植物的生殖

1 植物在开花以后会结出果实和种子。向日葵、玉米和桃树等植物，它们开花、受粉并结出果实，由果实中的种子来繁殖后代。

2 种子中的胚，是由两性生殖细胞结合成受精卵发育而来的，这种受精卵发育成新个体的生殖方式就属于有性生殖。

3 椒草的用叶生殖，马铃薯的用块茎生殖等，都是不经过两性生殖细胞的结合，而由母体直接产生新个体。这种生殖方式称为无性生殖。

4 在生产实践中，人们经常利用植物的无性生殖来栽培农作物和园林植物，常见的方式有扦插和嫁接等。比如，甘薯、葡萄、菊、月季的栽培，常用扦插的方法；苹果、梨、桃等很多果树都是利用嫁接来繁育优良品种的。

5 嫁接就是把一个植物体的芽或枝，接在另一个植物体上，使结合在一起的两部分长成一个完整的植物体。嫁接时应当使接穗与砧木的形成层紧密结合，以确保接穗成活。

6 随着科学技术的迅猛发展，植物组织培养技术已进入生产应用阶段。利用这种技术，可以将植物的茎尖、叶片、茎段等切成小片，或用花药花粉等在无菌条件下，在人工配制的培养基上培养，使它们发育成完整的植物体。

实验操作台

实验题目

以下哪三种蔬菜可以嫁接在同一棵植株上？

A. 番茄、茄子、黄瓜

B. 番茄、茄子、丝瓜

C. 番茄、茄子、青椒

实验情景

熟悉武侠的朋友们都知道一项武林绝学——移花接木，它记录于六壬神骰中，需要极其复杂的方法才能打开。数百年来，从未有人得到或打开过六壬神骰。本期实验将揭开江湖上音信渺茫的武林绝学——嫁接的神秘面纱。

实验步骤

1. 使用酒精和纱棉为嫁接工具（嫁接刀、嫁接夹子）消毒。使用嫁接刀将番茄植株最上面不需要的生长点切掉，将茄子植株上面的生长点切下，两植株的切口应当保持一致。使用嫁接的夹子将两植株夹在一起。这样就将茄子嫁接到了番茄上。

2. 利用步骤 1 的嫁接方法将茄子和黄瓜嫁接在第一株番茄上，将茄子和丝瓜嫁接在第二株番茄上，将茄子和青椒嫁接在第三株番茄上。

3. 将三株植物放置在温室内培养 35 天后，观察三株植物的生长状况，只有第三株植物同时结出了番茄、茄子和青椒。

实验证明，正确答案为 C。

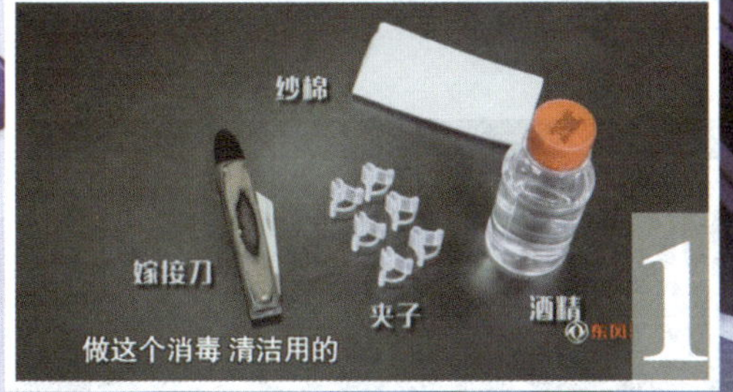

扫一扫，看哪三种蔬菜
可以嫁接在同一棵植株上

原理探秘

把一株植物的枝条或者嫩芽剪下来，插在另一株植物剪开的口子上，让它们长成一株完整的植物，这个过程就叫作嫁接。其中插枝的方式叫作枝接，插芽的叫作芽接。并不是所有的植物嫁接在一起都能够长成一个整体。总的来说，植物的组织结构、生理和遗传彼此越相近，也就是亲缘越近，它们相互结合在一起的能力就越高（也叫亲和力高），嫁接的成活率也就越高。

茄子是茄科植物，番茄和青椒也都属于茄科植物，而黄瓜和丝瓜则同属于葫芦科，因此茄子、番茄和青椒嫁接，由于它们的亲缘关系接近，比较容易成活；而茄科植物和葫芦科植物的亲缘关系较远，嫁接成活的可能性就低很多了。（陈征、吴宝俊）

专家视角

黄瓜是什么颜色的？如果黄瓜外面是青色，里面是白色的，为什么我们管它叫黄瓜？答案是黄瓜成熟以后就是黄的。

很多人可能对我们这个实验中涉及的植物不是太熟悉，甚至很多人都不知道黄瓜之所以叫黄瓜就是因为它是黄的。当黄瓜熟透的时候，它黄得非常漂亮。

现在有一个不太好的趋势，就是许多人，尤其是做家长的，希望孩子们通过学校读书进行学习，但是其实学习最重要的途径是通过自然，通过我们的双手实践来学习。将来孩子们长大，有人要当医生，要当物理学家，要当化学家，其实在此之前，植物学也好，动物学也好，各种自然现象也好，矿物学也好，都是一门学问，叫博物学。如果大家对各种学问、各种自然现象都熟悉的话，实际上是有助于你将来在某一个方向获得更深、更高的知识的。

讲一个简单的例子。大家想象一下，星星绕太阳的运动会有各种轨道，比如抛物线、双曲线、椭圆、圆、螺旋线等。那么你能想象一下，行星绕太阳的轨道和水果有什么关系吗？同学们可以回去做一个实验，买一根胡萝卜，回家拿刀切胡萝卜，会发现切斜面可以切出直线、点、圆、椭圆、双曲线和抛物线。如果你拿一根胡萝卜都能切出双曲线、抛物线、椭圆、圆和一条直线的话，你们也许就能够理解为什么这些曲线可以共用一个方程。（曹则贤）

生活显微镜

生物的分类方法

我们中国的先贤很早就对生物进行了分类。大约在周秦时期就已经把动物分为鸟、兽、鱼、虫四类，汉初的《尔雅》明确记载了这四类。和现代生物学分类对比来看，具有一定的科学性。古希腊的亚里士多德也以不同的特征，把动物区分为温血动物、冷血动物等。

近代科学的生物分类方法，最早的奠基人是瑞典植物学家林奈。他提出的命名方法是给每个物种都规定了一个学名，这个学名由两个拉丁词组成，第一个代表属名，第二个代表种名。同时，林奈还提出了界、门、纲、目、科、属、种的分类层级。这种分类体系让人们能够很清楚地知道不同物种之间的亲缘远近，它们的相似程度等。比如我们人类就属于动物界 – 脊索动物门 – 哺乳纲 – 灵长目 – 人科 – 人属 – 智人种；黑猩猩属于动物界 – 脊索动物门 – 哺乳纲 – 灵长目 – 人科 – 黑猩猩属 – 黑猩猩种；猕猴则属于动物界 – 脊索动物门 – 哺乳纲 – 灵长目 – 猴科 – 猕猴属 – 猕猴。很明显，我们和黑猩猩是近亲，而和猕猴的亲缘关系则比较远。

原始嫁接——木连理

人们很早就发现树林里的树木枝条相互靠近之后，可能由于某些破损，使紧贴在一起的枝条长成一体，这种原始的自然嫁接现象，被我们中国的古人称为“木连理”。为什么会发生这样的现象呢？这是因为树木的树皮和木质部之间有一层形成层，这一层细胞有分裂生长的能力很强，树干一年年变粗，就是因为这层形成层不断分裂生长，对外形成树皮、对内形成木质部造成的。当两棵树靠得非常近，由于风吹等原因，枝条相互摩擦，磨掉个树皮，使它们的形成层挨在一起，这时形成层的生长，就会让两棵树长成一个整体。挨得越近，就越容易长在一起。

受“木连理”的启发，我们中国很早就用嫁接的方法来栽培果树。西汉晚期的《氾胜之书》有用 10 株瓠苗嫁接成一蔓而结大瓠的方法；北魏《齐民要术》对果树嫁接中砧木、接穗的选择，嫁接的时期以及如何保证嫁接成活和嫁接的影响等有细致描述。唐代的《种树书》中说：桃接李枝则红而干，梅树接桃则脆，桃树接杏则大，李树接桃则为桃李。

嫁接是改善植物特性的非常有效的手段，今天我们吃到的蔬菜水果，许多都是经过嫁接改良的。

和科学天才比一比

第 9 期 科学猜想王

张超凡，25 岁，励志向上的折翼天使，2016 年获得“中国大学生自强之星”荣誉称号。

扫一扫，和科学天才比一比

1. 我国是严重贫水国，全国有一半城市缺水。研发海水淡化技术是科学家解决缺水问题的重要方向。

关于我国目前海水淡化技术的发展程度，以下说法正确的是哪一项？

A. 尚处于理论研究阶段，离实际应用有一定距离

B. 只能产出工业和绿化用水，无法产出居民用水

C. 已具备将海水淡化水纳入城市供水系统的能力

2. 淘气的孩子都有一颗勇敢的心，但稍不注意就会四处碰壁，头上鼓起大包。此时应马上如何处理？

A. 用手揉一揉，缓解疼痛

B. 用毛巾热敷，去痛消肿

C. 用冰块冷敷，消肿止痛

3. 人的手不能穿过桌面是什么力在起作用？

A. 电磁力

B. 引力

C. 摩擦力

4. 我们通常所说的 48 寸的电视，关于这个 48 寸，以下说法正确的是哪一项?

A. 机壳对角线长度为 48 英寸

B. 屏幕对角线的长度为 48 英寸

C. 屏幕长边与宽边之和为 48 英寸

5. 家用净水器，是使用滤芯对自来水进行过滤净化的装置。关于自来水和净水器，以下哪一项说法正确?

A. 自来水直接烧开饮用并不健康

B. 净水器过滤的水缺乏矿物质，不宜长久饮用

C. 净水器过滤后水质变软

6. 清代《甬上耆旧诗》有云："日夕山童归，倾筐洗石耳。"这里石耳指什么?

A. 一种植物

B. 一种真菌

C. 一种岩石

7. 小尼家安装了 100M 的家庭宽带，但实际电脑下载速度只有 10M 左右，这是什么原因?

A. 这说明服务商提供的带宽是虚假的

B. 这是正常下载速度

C. 电脑自动上传数据，占用了大部分带宽

1. 答案：C. 已具备将海水淡化水纳入城市供水系统的能力

解析：根据国家海洋局发布的《2016 年全国海水利用报告》，截至 2016 年年底，全国已建成海水淡化工程 131 个，其中居民生活用水的工程占$\frac{1}{3}$。目前的淡化水各项水质指标已经达到了我国《生活饮用水卫生标准》的相关规定，天津滨海、浙江舟山等地区已将海水淡化水纳入城市用水，供居民生产生活使用。此外，在“一带一路”倡议背景下，我国的海水淡化技术正在逐步走出国门，为世界其他缺水地区提供技术支持。位于新疆维吾尔自治区最南端的和田县，地下水分布区域 80% 为苦咸水。当地居民用水普遍存在硬度高、碱度高、含氟高和含盐量超标的情况，对居民健康造成了威胁。2015 年 12 月，由天津海水淡化所采用海水淡化技术修建的地下水改良项目，解决了新疆和田地区 6000 名维吾尔族群众的饮水问题。

2. 答案：C. 用冰块冷敷，消肿止痛

解析：头部与硬物碰撞会起包，是软组织肿胀及毛细血管破裂出血所致。此时用手揉或热敷，将加剧出血。应采用冷敷方法，使血管收缩，减轻出血。

3. 答案：A. 电磁力

解析：手不能穿过桌面本质上是因为手的分子和桌子的分子的外层电子之间的电磁斥力在起作用。

4. 答案：B. 屏幕对角线的长度为 48 英寸

解析：电视机是舶来品，其屏幕尺寸单位为英制单位。48 寸电视机，指屏幕对角线长度为 48 英寸。1 英寸约等于 2.54 厘米，48 英寸屏幕对角线长约 122 厘米。

5. 答案：C. 净水器过滤后水质变软

解析：我国城市自来水符合国家标准，烧开后饮用对身体无害。将自来水烧开或用净水器过滤，都会减少水中钙镁离子，使水质变软。饮用水中的矿物质相比人体每天摄入的矿物质可忽略不计，长期喝软水对身体无害。

6. 答案：B. 一种真菌

解析：古文中描述的石耳是一种真菌，和木耳同属于木耳科，可食用。因生长在悬崖峭壁阴湿石缝中而得名。石耳含有高蛋白和多种微量元素，是营养价值较高的滋补食品。自唐、宋年间便有古籍记载可以食用。

7. 答案：B. 这是正常下载速度

解析：带宽 100M，全称 100Mbps（注意 b 是小写），指每秒传输 100 兆比特的信息。电脑下载速度单位则是 MBps（大写 B），指每秒传输的字节数，1 字节 =8 比特。因而 100Mbps 的宽带，最大下载速度为每秒 12.5MBps。

科学单元10

既然是科学传播，实际上是立足于证据的。我们说任何话都要有证据，我们古生物好些就是化石，我们就用这些化石。你怎么说人类是来源于古猿？甚至再一点一点往前推，能推导到最早的第一条鱼。从一条鱼演化到现在的人，变化很大，我们有很多不同阶段的化石在这儿，能够支持不同阶段的演化的假说。

我觉得科普不光是针对孩子科普，大人的科普也同样重要，甚至包括一些领导人员的科普。比如对我们古生物的研究，我们有中科院上级，无论是科学传播局还是资环局、前沿局等，这些领导他们也需要了解，知道你工作的重要性，他才会给你拨钱，这些科学研究才会更加受到重视。所以我觉得，科普不能说只是针对小孩的科普，我们如果把它只限制在孩子身上，实际上这个面太窄了。应该是公众的科普，针对这一块我们也会注意不同年龄段用不同的方式。

中国古动物馆馆长

王原

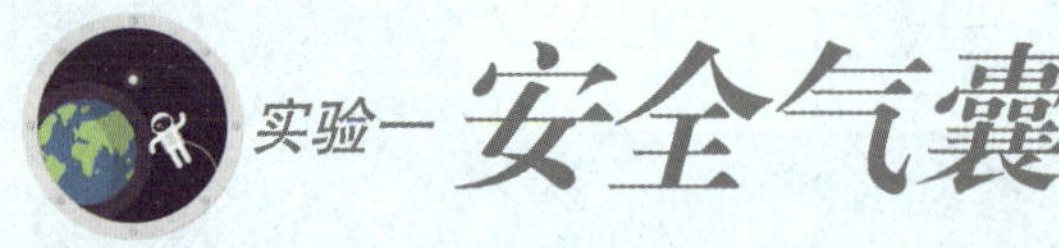

实验一 安全气囊

新课标知识点 · 汽车碰撞实验

1 物体动量的变化率等于它所受的力，这是牛顿第二定律的另一种表达形式。物理学中把力与力的作用时间的乘积叫作力的冲量。物体在一个过程始末的动量变化量等于它在这个过程中所受力的冲量。这个关系叫作动量定理。

2 如果物体所受的力不是恒力，物体不做匀变速运动，那么可以把过程分为很多短暂的过程，每个过程物体所受的力没有很大的变化，可以近似看作匀变速运动，就得到了应用于整个过程的动量定理。

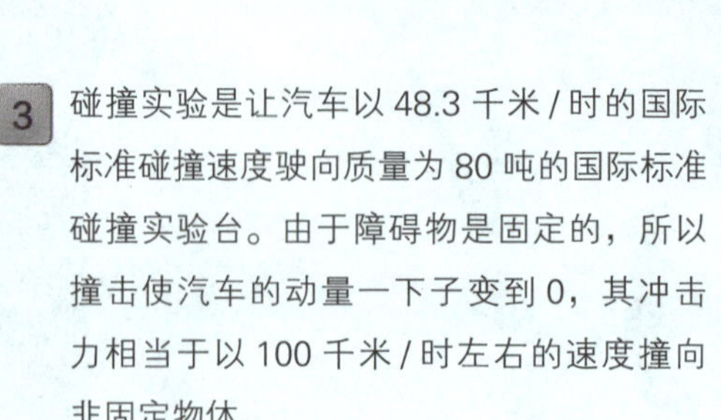

3 碰撞实验是让汽车以 48.3 千米 / 时的国际标准碰撞速度驶向质量为 80 吨的国际标准碰撞实验台。由于障碍物是固定的，所以撞击使汽车的动量一下子变到 0，其冲击力相当于以 100 千米 / 时左右的速度撞向非固定物体。

4 在汽车碰撞实验中，“乘员”身上安装着传感器。汽车碰撞时产生的冲击力不仅很大，而且很复杂。在碰撞瞬间冲击力的波形与碰撞的速度、相撞双方的质量分布、接触处的形状、材料以及变形等因素相关。

5 人体能够承受的冲击力与许多因素有关，其中最重要的就是力的方向。撞车时是否受伤在很大程度上要看人体受到冲击的位置。相同质量、相同车型、相同的相对速度下进行的多次碰撞，对乘员的伤害程度也可能有很大差别。

实验操作台

实验情景

撒贝宁与尼格买提扮成夫妻，亲身演绎了一些不良的乘车习惯，并用假人和西瓜模拟了车祸发生时的画面。实验结果令人震惊。乘车为什么一定要系安全带？带小朋友出行，是否可以抱着他坐在副驾驶？一旦发生碰撞，安全气囊如何才能正确启动且发挥保护作用？

实验题目

以下速度中，最低行驶至哪个速度时汽车正面碰撞障碍物会引发安全气囊弹出？

A. 12 千米 / 时

B. 30 千米 / 时

C. 40 千米 / 时

实验步骤

1. 将两个身高体重比例与真人一致的仿真假人放在汽车驾驶位和副驾驶位，在车内放置摄像机用以采集碰撞瞬间画面。汽车在距离碰撞台 100 米的位置启动并加速到 12 千米 / 时，以此速度撞向碰撞台，观察到安全气囊并未打开。

2. 以 30 千米 / 时的速度重复实验步骤 1，观察到汽车车头严重扭曲，防冻液漏出，安全气囊打开。

实验证明正确答案为 B。

扫一扫，看最低行驶至哪个速度时汽车正面碰撞障碍物会引发安全气囊弹出

原理探秘

安全气囊是汽车的一种辅助安全装置。当汽车在行驶过程中发生碰撞事故的时候，安全气囊弹出，可以形成一个缓冲垫，从而减小人体受到的伤害。

安全气囊的工作原理是：由一个传感器来监测车辆的运动状况，当发生碰撞时，车辆的速度会发生巨大变化，传感器检测到这个巨大变化的信号，如果达到了规定的强度，就会通知气囊的控制器，触发安全气囊。

一般安全气囊的触发条件设置为以 30 千米 / 时的速度发生正面碰撞。但实际上传感器检测的是车辆的加速度，也就是车辆速度变化的快慢。加速度的大小除了和车辆运行速度有关，还和碰撞持续的时间有关。如果车辆碰到比较软的东西，碰撞持续时间较长，那么产生的加速度就比较小，不一定会触发气囊。（陈征、吴宝俊）

专家视角

气囊本身是一个爆炸装置，弹出来的速度很快，在乘客撞到前面的物体之前，气囊会出现在乘客和物体之间。汽车里面气囊的启动装置会根据汽车撞击瞬间的速度变化及撞击的角度来决定气囊什么时候释放，使气囊及时在乘客和物体之间弹出；而气囊爆开之后，又会迅速地卸气，否则气囊也会对乘客造成伤害。气囊对乘客起到缓冲的作用，但是这个保护并不是绝对的。所以我们还是需要系上安全带，然后再加上气囊的保护，才对我们的安全起到最大的保护作用。（张双南）

生活显微镜

千万别忘了系安全带

许多人有这种误会，觉得有安全气囊的情况下系不系安全带问题不大，这是一个特别大的错误。事实上，安全带和安全气囊是一个共同的系

统，共同来保障乘车人的安全。

当车辆发生碰撞事故时，人由于惯性会继续向前冲，这时一方面安全带阻滞、限制人向前冲；另一方面，安全气囊起爆，起到缓冲垫的作用，这样人就能得到最大限度的保护。在这个过程中，其实安全带才是发挥主要作用的装置，气囊只起一个补充作用。

从气囊起爆的原理我们知道，安全气囊系统主要由传感器控制单元、气体发生器和气囊这些部件组成。当传感器检测到发生碰撞时，控制单元判断严重程度达到起爆条件，就会让气囊起爆，气囊达到最大后再慢慢放气实现缓冲的作用。这个过程时间的准确非常重要，如果人冲到气囊前时正赶上气囊起爆，巨大的爆炸力本身就会对人体造成伤害。所以在较好的汽车上，安全带和安全气囊系统通常是联动的，如果你没有系安全带，缺少了这一道阻滞，气囊需要提前起爆，以保证人到达气囊前时，气囊已经达到最大，并开始放气实现缓冲。

如果把安全带从背后绕过去插在安全带插座上，或用了欺骗车辆的安全带插头，车辆会认为人已经系了安全带，气囊会正常起爆，那这就很容易导致在出现事故时，人冲到气囊前时气囊刚好爆开，产生严重后果。这种情况比不系安全带还危险，所以千万不要自欺欺人。

安全带的保护机理

在典型的安全带系统中，安全带与一个卷收器相连，卷收器中的核心元件是卷轴，它与安全带的一端相连。在卷收器内部，一个弹簧为卷轴提供旋转作用力（或扭矩）。它会旋转卷轴，以便卷起任何松弛的安全带。当拉出安全带时，卷轴将逆时针旋转，并使相连的弹簧也沿相同方向旋转。这样，旋转的卷轴就反扭了弹簧。因为弹簧想要恢复到原状，因此它会抗拒这一扭转运动。若松开安全带，弹簧将收紧，并顺时针旋转卷轴，直至使安全带张紧。卷收器有一个锁定机构，可在汽车发生碰撞时停止卷轴的旋转。现有两种常用的锁定系统：由汽车运动触发的系统和由安全带运动触发的系统，如图 1 、图 2 所示。

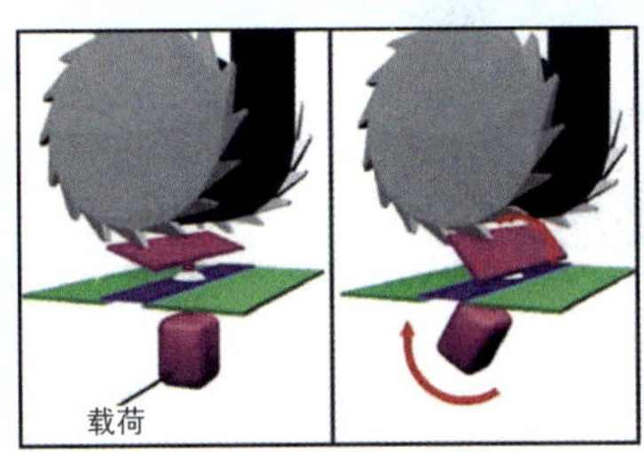

图 1 汽车在迅速减速时锁定卷轴

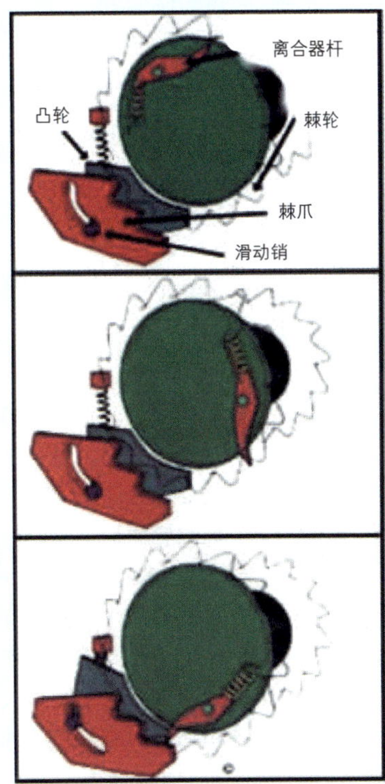

图 2 系统在猛拉安全带时锁定卷轴

摘自：李娅楠，毛秀娟等，《汽车安全带系统的新近进展》，原文见《汽车零部件》2012 年 10 期，第 81 ~ 83 页。

汽车安全装备

当汽车发生事故时，对乘员的伤害是在瞬间发生的。例如，以车速 50 千米 / 时进行正面撞车时，其发生时间只有 0.1 秒左右。为了在这样短暂的时间中减小对乘员造成伤害，必须设置安全装备，目前主要有安全带、防撞式车身和安全气囊防护系统等。

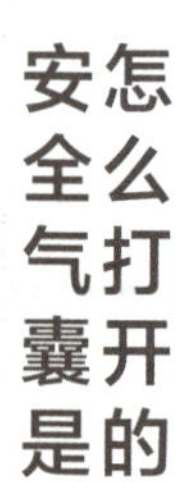

安全气囊是怎么打开的

当汽车发生正面碰撞事故，安全气囊控制系统检测到冲击力（减速度）超过设定值时，安全气囊 ECU 立即接通充气元件中的电爆管电路，点燃电爆管内的点火介质；火焰引燃点火药粉和气体发生剂，产生大量气体，在 0.03 秒的时间内即将气囊充气，使气囊急剧膨胀，冲破转向盘上装饰盖板鼓向驾驶员和乘员，使驾驶员和乘员的头部和胸部压在充满气体的气囊上，缓冲对驾驶员和乘员的冲击，随后将气囊中的气体放出。

为什么安全气囊没有打开

气囊的打开与否与撞击角度和撞击速度都有关，一般来说在汽车翻转、轻微碰撞、侧面碰撞、后面碰撞、撞击路肩、驶入大洞、撞击树木等物体时，虽然可能导致车辆严重变形，但气囊均不会打开。

碰撞实验很重要

对于撞击速度而言，安全气囊系统测定的是撞击后车辆的减速度，因此，在做安全碰撞试验时，一般都是让汽车笔直地撞在不能移动且不能变形的墙上。

要“起爆”安全气囊，汽车的减速度至少要达到 8 ~ 9g，造成乘员严重伤害的减速度达能到 80 ~ 100g，而常见的紧急制动的减速度只有 0.6 ~ 0.7g。

摘自：杨青，《安全气囊的工作原理和运用》，原文见《汽车电器》2010 年第 11 期，第 29 ~ 33 页。

实验二 车轮大比拼

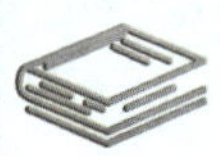

新课标知识点·圆周运动

1 做圆周运动的物体，由于惯性，总有沿着切线方向飞去的倾向。但它没有飞去，这是因为向心力在拉着它，使它与圆心的距离保持不变。一旦向心力突然消失，物体就沿切线方向飞去。

2 除了向心力突然消失这种情况外，在合力不足以提供所需的向心力时，物体虽然不会沿切线飞去，也会逐渐远离圆心。

3 离心运动有很多应用。例如，洗衣机脱水时利用离心运动把附着在物体上的水分甩掉；纺织厂也用这样的方法使棉纱、毛线、纺织品干燥。

4 火车转弯实际是在做圆周运动，因而具有向心加速度。火车的车轮上有突出的轮缘，如果铁路弯道的内外轨一样高，外侧车轮的轮缘就会挤压外轨，使外轨发生弹性形变，外轨对轮缘的弹力就是火车转弯的向心力。

5 在外道使外轨略高于内轨，火车转弯时铁轨对火车的支持力的方向不再是竖直的，而是斜向弯道的内侧，它与重力的合力指向圆心，为火车转弯提供了一部分向心力。这就减轻了轮缘与外轨的挤压。

实验操作台

实验情景

在内轮差实验中，我们对车辆的转弯过程已经有了初步的认知。除了视觉盲区，车辆的转弯过程还有许多趣味性的物理知识。比如，像火车这种拖着长长厢体的列车就不能急转弯，这背后究竟蕴含了什么样的科学道理呢？

实验题目

两辆车轮形状不同的小车，哪一辆能够沿着固定轨道顺利到达终点？

A. 内径大外径小的小黄车车轮

B. 内径小外径大的小绿车车轮

C. 两车均能顺利到达终点

实验步骤

1. 将小黄车放置在固定轨道上，撒贝宁与一名“乘客”骑乘小黄车，途中小黄车虽然掉了链子，但仍在张双南老师的帮助下顺利平稳到达终点。

2. 搭载有尼格买提和另外一名“乘客”的小车重复实验步骤 1，小绿车在转弯过程中发生倾覆，无法完成实验。

实验证明，正确答案是 A。

扫一扫，看两辆车轮形状不同的小车，
哪一辆能够顺利到达终点

东风汽车
加油
向未来

原理探秘

本实验中轨道转过一定角度时，内侧和外侧两条轨道的长度并不相同，外侧的轨道会长一些。运行在轨道上的车转弯时，由于惯性也总会有向外侧偏出的趋势。由于小车上的前、后轮分别是焊接在同一根轴上的一对轮子，它们总是同步旋转，因此对于内大外小的锥形轮子，车向外偏时，外侧轨道上的轮子会“变大”，每转一圈走过的路程也会变长，而内侧轨道上的轮子会“变小”，每转一圈走过的路程会变短。于是自然产生了一个向内侧偏转的趋势，使得轮子能够继续留在轨道上。对外大内小的轮子而言，车向外侧偏出时，外侧轨道上的轮子“变小”，内侧轨道上的轮子“变大”，产生继续向外侧偏转的趋势，于是车子就会很容易掉下来。（陈征、吴宝俊）

专家视角

小时候坐火车，感觉不到火车拐弯，可是汽车速度比火车还慢，你却感觉得到汽车拐弯。感觉不到火车拐弯的原因在于，本来在拐弯的时候速度比较快，有离心力的作用，人会感觉要被甩出来了，可恰好有一个翘起的角度，使得离心力平衡掉了，所以你就没有滑出去的感觉。这样的轨道形状产生这么一个效果以后，拐弯的这边高一点，那边低下去一点，使得车的重心自动往下面沉了一点，这样就稳定了。所以拐弯的时候，重心就自动往下一点，整个车始终是稳定的。（张双南）

生活显微镜

火车是怎么拐弯的

如果走进过火车头的驾驶室，你会发现在驾驶室中是找不到方向盘的，只有各种监测车辆信息的仪表和控制速度的手柄。那么火车是怎么实现转弯的呢?

如果你注意观察的话，会发现钢轨的顶端并不是平面，而是一个圆弧面。而火车轮子有一个大一圈的外沿，轮子的踏面也不是一个平面，而是一个内大外小的圆锥面。同时火车的两侧轮子固定在一根轴上，通常我们把这种轮子叫作轮对，这一对轮子是同步转动的。这就像我们这个实验所利用的原理那样，在转弯时，外侧轮子和钢轨接触的那个圆会直径大一些，而内侧轮子和钢轨接触的那个圆直径会小一些。这样，大圆滚动一圈，走过的路程较长，小圆滚动一圈，走过的路程较短，使车辆自动发生偏转从而达到了转弯的效果。另外，火车的轮子往往是两个轮对固定在一个转向架上，这两个轮对的轮轴始终保持平行，所以在拐弯时，两条铁轨的间距要稍微加大一点。

我们还会注意到另一个问题，就是火车在转弯时需要有一个向心力，这个向心力有时候就是由那个大一圈的外沿来提供的，不过它能提供的向心力非常有限。更多时候，人们是通过在拐弯处把外侧的铁轨加高，使火车产生一定角度的倾斜来提供向心力。

你不知道的铁轨

道岔出现在铁路交会的地方，在铁路交叉时，负责连接和顺利过渡，最常见的地方就是火车站。

根据交叉轨道的数量，可以分为单开道岔“卜”形、双开道岔“Y”形、三开道岔形、交分道岔“X”形。很多人都认为火车变道是由司机操作的，然而事实是，这仅仅取决于道岔被扳到了哪个方向，司机只管往前开就对了。以前的道岔是由扳道工手动扳动，如今的自动道岔，都是由计算机精确控制。

列车在运行过程中，由于质量太大，特别是在弯道处，会对铁轨产生巨大的横向推力。过大的横向力可能导致轨道横向位移过大，甚至造成钢轨侧翻，轨撑就此应运而生。它一般安装在小半径曲线轨道外股钢轨的外侧，以提高钢轨的横向刚度。

与轨撑相对，防爬器的作用是防止钢轨的纵向移动。列车运行也会对钢轨施加纵向力（主要是摩擦力），钢轨纵向移动，甚至带动轨枕“一起摇摆”，这种纵向移动叫作“爬行”，会引起轨缝不匀、轨枕歪斜等安全隐患。防爬器和轨撑一纵一横坚守岗位使得铁轨老老实实地待在原地。

摘自：黄亚楠，《你不知道的铁轨》，原文见《课堂内外（科学 Fans）》2016 年第 3 期，第 26 ~ 27 页。

实验三 手指知道平衡

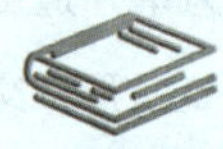

新课标知识点 · 物体平衡的稳定性

1 物体在重力和支持力作用下的平衡可以分为稳定平衡、不稳定平衡和随遇平衡。

2 当物体稍微偏离平衡位置时，如果重心升高，物体的平衡就是稳定平衡；如果重心降低，就是不稳定平衡；如果重心的高度不变，就是随遇平衡。

3 平放的砖和竖放的砖都处于稳定平衡状态，稍微离开平衡位置，重心都升高，但是它们的稳定程度不同。竖放的砖容易翻倒，而平放的砖不容易翻倒。我们把物体的稳定程度叫作稳度。

4 平放的砖重心低、面积大，只有使它偏转很大的角度，它的重力作用线才会超出支持面，使砖向外翻倒。

5 竖放的砖重心高、底面积小，只要偏转不大的角度，重力作用线就会超出支持面，使砖翻倒。可见，物体的重心越低，底面积越大，稳度越大。

6 增大物体的稳度有重要的实际意义。为了增大物体的稳度，既可以增大底面的面积，也可以降低重心的高度，还可以同时增大底面面积和降低重心的高度。

实验操作台

实验题目

从扫把的重心点处将其一分为二，哪一段的质量更大?

A. 扫把头这段质量更大

B. 扫把杆这段质量更大

C. 两段质量一样大

实验情景

羽毛塔载人、悬空木板……《加油向未来》的舞台一次又一次地上演平衡大法。这次平衡实验将从一把扫帚展开，被截为两段的扫帚，重量之间存在怎样的关系呢?

扫一扫，看从扫把的重心点处将其一分为二，哪一段的质量更大

实验步骤

1. 尼格买提将扫把放在一根手指上靠近扫把头的位置，用手指感受扫把的平衡点，扫把上下波动几次后在水平位置保持平衡。

2. 在手指上扫把的平衡点上用签字笔做上标记，用切割机在平衡点的位置将扫把锯为两截：扫把头和扫把杆。

3. 将两截扫把放在等臂天平的两端，观察到扫把头一端下沉，扫把杆一端上升。

实验证明，正确答案为 A。

原理探秘

扫帚重心问题

对于一根均匀的杆，重心两侧的质量一般是相同的；但是对于像扫帚这样并不均匀的物体来讲，它的重心两侧质量未必相同。因为决定重心位置的不仅是质量，还和质量的位置有关。当一个物体相对于支撑点保持平衡，不发生转动的时候，左右力矩相等，也就是左侧每一个点的质量（对应重力）与这个点离支撑点的距离（力臂）的乘积与右侧每一个点的质量（对应）与这个点距离支撑点的距离的乘积应该相等，那么距离重心近的这一侧，质量就会大一些。

手指找重心

当我们把一根杆放在两根手指上或是架在两个立柱之间时，两个支撑点各自分担了横杆的一部分重力，各自分担的大小与他们距横杆重心的距离成反比。我们知道，摩擦力的大小等于接触面上的正压力乘以接触面的摩擦系数，这个摩擦系数是由接触面本身的粗糙程度决定的。当两个立柱相同的时候，立柱和横杆的摩擦系数也相同，那么这个时候立柱和横杆之间的最大静摩擦力就正比于接触面上的正压力。这个正压力源自立柱分担的横杆的重力，因此最终表现为两侧立柱对横杆的最大静摩擦力大小和他们各自距离横杆重心的远近成反比。

当我们移动立柱时，横杆和立柱之间会发生相对滑动，这个相对滑动一定发生在最大静摩擦力比较小的那侧立柱上，也就是距离横杆重心比较远的立柱。当那根立柱移动到距离横杆重心比较近的时候，它和横杆之间的最大静摩擦力会大于另一根，此时另一根（现在它变成是距离横杆重心较远的立柱）就会发生滑动。如此反复，交替运动，最终两个立柱靠在一起的时候，它们几乎都停在横杆的重心附近。（陈征、吴宝俊）

专家视角

在我们生活当中经常要遇到找平衡点和找重心的问题。比如说建筑，在我们的住宅里面，有些墙是承重墙，承重墙是什么意思？基本上上面楼层的压力都承载在它上面，它的位置恰好是比较接近重心的位置，所以它承受了上面这一层的主要重量。有些人在装修的时候，把承重墙砸掉了，过一段时间就会出现很大危险。

还有发射火箭。在我们的天文卫星升空时，我看过多次的火箭发射的场景。火箭发射时，下面点火的是发动机，火箭的重心必须在发动机受力中心的地方，这样发射上去的时候，火箭才比较平稳。当然，制造火箭的时候，整个火箭相对来讲比较对称，但是我们卫星的结构是非常复杂的，尤其卫星在最上面。如果卫星的重心找不准的话，火箭发射的时候，头偏了，就很容易歪掉。所以我们尽管要造一个非常复杂的卫星，也需要把卫星的重心找出来，而且要和火箭中间重心的轴重合。但是这往往很难做到，因为卫星上面装了非常多的仪器，这些仪器在装到卫星上之前，我们并不能精确地知道重心的分布。所以我们往往在卫星造好之后还要再测量它的重心，怎么测呢？我们有大型的转动台，把卫星放在转动台上，转起来之后，如果重心偏了，在转动中心轴上就有一个离心力。所以测量到这个离心力的话，就知道偏到哪个方向上去了，然后进行配重。因此，卫星制造的最后一步，是做一下配重。

重心的位置不仅是在发射的时候很重要。我们知道卫星，尤其是天文卫星，要对准我们打算观测的星体，比如黑洞。所以我们要经常调姿态，调姿态的时候是靠卫星上面的推进器或者动量轮，这个时候就要求精确地知道卫星的重心，才能实现精确调控位置指向。我们国家的航天技术发展迅速，现在已经有这样大型的实验平台、大型的转台，现在把卫星的重心搞清已经不是什么问题了，我们在这方面的技术非常成熟。（张双南）

生活显微镜

杆秤——中国古代对杠杆原理的认识和利用

很多人说起杠杆原理，想起的都是古希腊哲学家阿基米德的名言：“给我一个支点，我就能撬起地球。”其实我们中国人才是最早认识到并利用杠杆原理的。

在湖南长沙东郊楚墓出土的公元前 700 年的文物中，就已经有了各种精制的砝码、秤杆、称盘、提升等文物。成书于公元前 380 多年的《墨经》中记载的“权重相若也，相衡则本短标长”话语，就是在说杆秤的原理，其中“权”的意思就是秤砣。

在名片侧沿放硬币

怎样才能在一张立起的名片侧沿放一个硬币，而且不让它掉下来呢？有个简便的办法：先把名片折弯，这个时候在弯曲的侧面上很容易就能放上一块硬币；然后慢慢地把名片拉直，这个时候硬币会自动调整位置，使重心恰好位于名片侧沿上。于是，硬币稳稳地搭在名片的侧沿上而不掉下来。

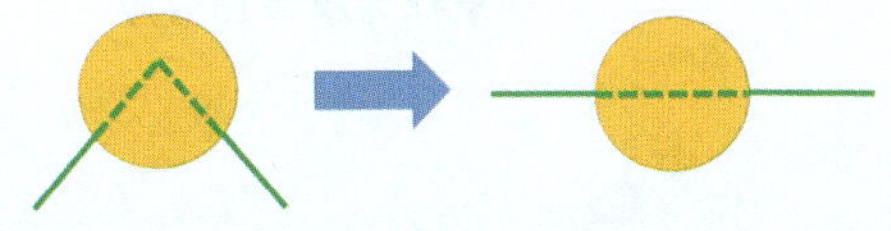

这个做法和我们是本实验的原理是一样的。当名片被折弯的时候，两侧各分担了一部分硬币的重力，同时也在这两个小接触面上产生了相应的摩擦力。在名片逐渐拉直的过程中，硬币分配在名片两侧的重力不断调整，相应的摩擦力也不断调整，始终是摩擦力较小的那侧名片和硬币发生相对运动。在这个过程中，硬币的重心自然而然地就移动到了狭窄的名片侧沿上。

来动手试试吧！

实验四 移民火星

新课标知识点 · 康普顿效应

1 光在介质中与微粒相互作用，因而传播方向发生改变，这种现象叫作光的散射。

2 1918—1922 年，美国物理学家康普顿在研究石墨对 X 射线的散射时，发现在散射的 X 射线中，除了与入射波长 λ_0 相同的成分外，还有波长大于 λ_0 的成分，这个现象称为康普顿效应。

3 按照经典物理学理论，由于光是电磁振动的传播，入射光引起物质内部带电微粒的受迫振动，振动着的带电微粒从入射光吸收能量，并向四周辐射，这就是散射光。

4 散射光的频率应该等于带电粒子受迫振动的频率，也就是入射光的频率，因而散射光的波长与入射光的波长应该相同，不会出现 $\lambda > \lambda_0$ 的散射光。经典理论与实验事实出现了矛盾。

5 康普顿用光子的模型成功地解释了这种效应。他的基本思想是，X 射线的光子不仅具有能量，也像其他粒子那样具有动量。X 射线的光子与晶体中的电子碰撞时要遵守能量守恒定律和动量守恒定律，求解这些方程，可以得出散射光波长的变化值。理论结果与实验符合得很好。

6 光电效应和康普顿效应深入地揭示了光的粒子性的一面。前者表示光子具有能量，后者表明光子除了能量之外还具有动量。康普顿因此获得了 1927 年的诺贝尔物理学奖。

实验操作台

实验情景

在环绕太阳运行的几大行星中，火星无疑是除地球以外最适宜人类居住的星球。观测研究表明，火星的土壤是红色的，而且常常沙尘肆虐。设想一下，如果人类移居火星，是否每天都要面对“大漠孤烟直，长河落日圆”的场景？火星上的落日会不会是红色的呢？

实验题目

火星上的落日是什么颜色？

A. 红色

B. 蓝色

C. 绿色

扫一扫，看火星上的落日是什么颜色

实验步骤

1. 大的半球形亚克力装置内罩有小的球形亚克力装置。在大的透明的球形亚克力罩子内铺满与火星上的沙尘粒径大小相近的红色粉尘，模拟火星上的地貌环境。

2. 启动装置下方的风机，粉尘被吹起，形成与日常火星表面沙尘肆虐相似的景象。

3. 在亚克力装置后面架设一盏灯，打开灯后，灯发出白光照在亚克力装置内。透过小亚克力装置观察到大亚克力装置内的落日呈蓝色。

实验证明，正确答案为 B。

原理探秘

光是一种电磁波，它在传播过程中遇到微小颗粒时，有一部分光会偏离原来的方向，转向其他的方向，这种现象叫作散射。散射分为三种：瑞利散射、米氏散射和几何光学散射。当光遇到的颗粒非常小，小到颗粒的直径只有几纳米（1纳米等于十亿分之一米）或者几十纳米时（比如原子或者分子）发生的是瑞利散射。此时光的波长越短（蓝光）散射越强烈。我们平时看到天是蓝的，就是因为太阳光经过大气层时，大气分子对太阳光中的蓝光散射比较强导致的；而在早晨或者傍晚，阳光斜着穿过了很厚的大气层，大量的蓝光被散射掉，剩下的红光进入了我们的眼睛，所以看起来太阳是红色的，朝霞和晚霞是红色的。

如果光遇到的颗粒比较大，它的直径已经到达几百纳米到几微米（1微米等于百万分之一米），此时就会发生米氏散射，米氏散射的特点是波长越长的光（红光）散射越强烈。火星大气中有大量这个尺寸范围之内的灰尘，所以阳光通过火星大气时，大量的红光被火星大气中的尘埃散射掉，因此火星上的天空看起来是发红的；而阳光中的红光被散射掉以后，剩下的蓝光进入我们的眼睛（事实上是火星探测器的摄像头），看上去太阳就是蓝色的。

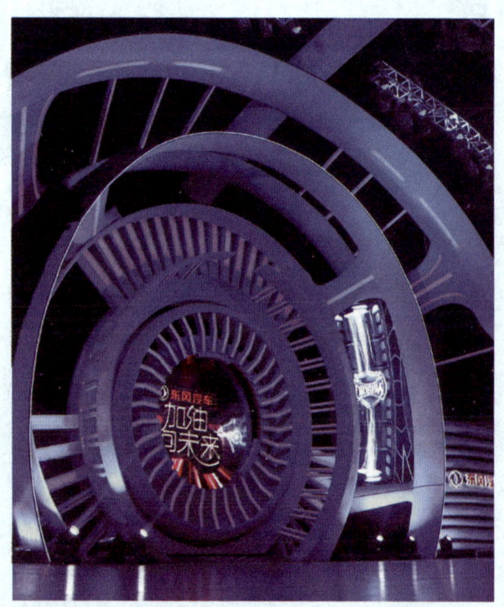

当光遇到的颗粒进一步变大，周长达到十几微米以上，则发生的就是几何光学散射了。几何光学散射的特点是对所有颜色的光一视同仁，因此散射光显现的是白色。平时我们看到蓝天上的白云，就是组成白云的那些比较大的小水滴散射太阳光的结果。（陈征、吴宝俊）

专家视角

现在中国有探测火星的计划，大概2020年，我国会送一个飞行器过去或者绕着它转一圈采集一些样品，但是登陆火星的计划还没有。真的要人登陆的话，这个挑战还是非常大的。

火星的环境很恶劣，到处都是沙漠。要让它变得可以适合于居住，还能够种东西出来，人类目前还没有成功地做到过，所以我们应当把我们的地球保护好。我觉得在可以预见的未来，地球仍然是我们人类唯一的家园。

尽管如此，探测火星依旧是非常有意义的一件事。火星以前其实是蛮好的一个地方，但是现在变得很糟糕。我们弄清楚火星怎么会变成这样子，有助于我们保护地球，也许能够想办法让地球不变成火星那样，这样能够让人类在地球上生存的时间更久一些。

其实人类早晚是要离开地球的。各种可能的自然灾害、天文灾害，有些是你有可能回避的。比如说小行星撞击，也许将来有办法能够躲开，但是太阳长期的演化以及将来一个行星爆发或者击中地球，都没有任何办法躲开。所以最终人类如果不想在地球上面灭绝，还是需要找到另外一个家园。

我们探测火星，理解火星，在这个过程中发展出更加先进的航天技术，这些对于我们人类为遥远的未来做准备，是非常重要的。（张双南）

生活显微镜

火星的基本数据

中文名：火星

外文名：Mars

别　称：荧惑星，战神玛尔斯星

分　类：类地行星（沙漠行星）

质　量：6.4219×10^{23} 千克

平均密度：3.94 克 / 厘米 ^{3}

直　径：6794 千米

表面温度：–63 摄氏度

自转周期：24.6229 小时

公转周期：687 天

距离地球距离：0.55 亿 ~ 4 亿千米

距离太阳：227987155 千米（1.524AU）

卫星数量：2

表面引力：3.72 米 / 秒 ^{2}

火星上有生命吗

1877 年，意大利天文学家斯基帕雷利通过望远镜观察火星时发现，火星上有些隐隐约约的直线形状的暗沟，这些沟就像水渠连接着湖泊或者大海一样连接着一些更大的暗区。他给这些暗沟起了个名字叫 canali（意大利语“水道”的意思），当这个发现进入英语世界的时候，被译成了 canal（运河），结果人们的想象力一下被激发出来，人们开始猜测火星上是不是存在着智慧的生物。甚至有科学家假设火星曾经有一个古老的文明，由于火星气候恶劣，火星人不得不开凿运河，从湖泊中引水灌溉。到 1913 年，随着天文学观测技术的进步，人们才发现，那些只是人的视觉误差，并不存在真正的运河。可是人们的想象并没有因为发现运河并不存在而结束，人们还在想象火星上是不是能有其他形式的智慧生命。到了 1976 年，海盗号飞船踏上了火星，人们才发现，原来火星是一个环境恶劣，一片死寂的星球。

不过理论上，火星是有能力造就生命的。火星上有太阳系最大的火山和山谷，很像是失去了海水的海洋遗迹。地球上那些河床、冲积平原、洪水留下的溪谷等地貌，在火星上也都能找到。火星大气主要成分是二氧化碳，这和原始地球的大气成分也比较相似。一张由卫星拍摄的火星沉积岩照片表明，数十亿年前，火星上可能曾有湖泊存在，在这里也许能找到生命的遗迹。

2001 年“奥德赛”火星探测飞船飞向火星，进入火星大气轨道，给科学家们带来了大量的观测数据，从这些数据中发现火星表面不深的地方，可能埋藏着大量的冰冻的水。这个发现进一步提高了人类登陆火星、利用火星的可能性。

曾经有一块火星表面的岩石，可能由于彗星或者小行星撞击后被甩入太空，在太空中流浪了 1600 万年后，大约在 13000 年前最终飞到了地球，坠落在南极洲。人们检测了这块陨石的化学分，并对火星大气样本进行分析，证实了它确实来自火星。在这块石头中，科学家们发现了类似蠕虫形态的结构，他们推测这可能是细菌的化石。

目前科学界对火星上是否存在过高级的智慧生命还存在不同的看法。但大多数科学家认为，在火星上发现简单的生命形式是完全有可能的。

和科学天才比一比

第10期 科学猜想王

王春彧，24岁，不靠颜值靠才华的建筑师，亚洲建筑新人战TOP 100。

扫一扫，和科学天才比一比

1. 20世纪50年代，辽宁普兰店挖掘出的千年古莲子在中科院植物所科学家努力下，开出淡紫红色花朵，引起世界轰动。莲子能够保存千年有诸多原因，但不包括以下哪一项？

A. 外表皮有硬壳，保护莲子不被破坏

B. 埋藏地点温度低，湿度小

C. 莲子有微孔洞，与外界保持水气交换

2. 壁虎拥有长出新肢体的神奇能力，请问以下哪种动物也可以做到这一点？

A. 穿山甲

B. 蝾螈

C. 蜜蜂

3. 电影院的3D电影是指三维立体电影，它主要利用的是下列哪种光学原理？

A. 光的折射

B. 光的衍射

C. 光的偏振

4. 光盘是一种利用激光技术进行数据读写的信息储存设备。关于光盘，以下说法错误的是哪一项?

A. 光盘有一面会像镜子一样反光，是因为镀了银

B. 蓝光光盘用蓝色激光进行数据读写

C. DVD-ROM 是一种可重复擦写数据的 DVD 光盘

5. 发电站产生的电能，要通过高压输电线路送到各用电地区。关于高压输电，以下说法错误的是哪一项?

A. 提高输电电压可减少线路损失的能量

B. 冬天提高输电电压会增大线路电流，起到防冻作用

C. 输电线电阻越小，热能损失越少

6. 潮汐是海水周期性涨落现象。关于潮汐，以下说法错误的是哪一项?

A. 潮汐现象主要是月亮和太阳的引力造成的

B. 地球大部分地区每天有两次潮水涨落

C. 地球一侧海水涨潮，另一侧就退潮

7. 请问发酵对制作以下哪种食品来说不是必需的?

A. 腌酸菜

B. 酿葡萄酒

C. 制作果酱

8. 我们在街上见到五金商店，五金最早指五种金属。请问以下哪一项不属于这五种金属?

A. 铜

B. 锡

C. 铝

9. 关于自行车在行进当中受到的地面摩擦力，以下哪一项说法正确?

A. 前轮摩擦力向前，后轮摩擦力向后

B. 前轮摩擦力向后，后轮摩擦力向前

C. 前后轮摩擦力都向前

1. 答案：C. 莲子有微孔洞，与外界保持水气交换

解析：20 世纪 50 年代，辽东普兰店发现的千年古莲子，坚硬的外表皮可防止水分和空气的内渗和外泄；加之被埋在温度低、湿度小、微生物干扰少的泥炭土中，上千年后仍能萌芽、生根、开花。

2. 答案：B. 蝾螈

解析：科学家研究发现一种叫作“巨噬细胞”的免疫细胞，是蝾螈再生能力的关键，允许它们重新长出肢体、脊髓、脑组织，甚至于心脏部位。如果巨噬细胞被系统性剔除，蝾螈便会失去肢体再生能力，形成疤痕组织。

3. 答案：C. 光的偏振

解析：观看 3D 电影时，我们佩戴的 3D 眼镜是偏振方向互相垂直的两个偏振片。电影播放时，两台放映机分别在幕布上投射出偏振方向互相垂直的影像。由于 3D 眼镜的两个偏振片分别只允许一种偏振方向的光线通过，所以我们两只眼睛会分别看到两台放映机放出的影像，最后经过大脑加工，影像就变成立体的了。

4. 答案：C. DVD-ROM 是一种可重复擦写数据的 DVD 光盘

解析：光盘有多层结构，包括基板、记录层、反射层、保护层、印刷层等。在反射层上镀有银，看起来像镜子一样。蓝光光盘利用波长较短的蓝色激光读写数据，并因此而得名。ROM 这个后缀是 Read Only Memory 的缩写，代表光盘只可以读取数据，不可以重复擦写。一张蓝光光盘能够存储几十 GB 的数据量。我们用电脑播放的蓝光高清电影，其实就是以蓝光光盘为最初载体的高清电影，所以蓝光并不是指清晰度的类别，而是载体的名称。

5. 答案：B. 冬天提高输电电压会增大线路电流，起到防冻作用

解析：输电线路的热损耗正比于电流的平方和电阻的大小。发电站传输电能的总功率一定，电压越高，电流越小，输电线热损失越少。输电线电阻越小，热损耗越少。超导材料具有零电阻，没有热损耗的特性。如果能用超导材料制成输电线路，将极大地节约能源。2016 年 9 月，中国科学院电工研究所成功研制出百米长铁基超导线缆，为世界之最。

6. 答案：C. 地球一侧海水涨潮，另一侧就退潮

解析：地球表面海水受月亮吸引，在月亮下方聚集，形成涨潮。此时在地球另一面，地球被月亮拉远，海水由于惯性跟不上，所以也会远离地球形成涨潮。太阳对海水有相同作用，但效果小于月亮。太阳的作用会增强或削弱月亮引发的潮汐。古人将白天称为朝，夜晚称为夕，白天的海水涨落称为“潮”，夜晚的海水涨落称为“汐”。

7. 答案：C. 制作果酱

解析：果酱是将水果、糖及酸度调节剂混合后熬制而成的凝胶物质，发酵对制作果酱来说不是必需的。腌酸菜主要依靠乳酸菌的发酵作用。酿葡萄酒是将葡萄进行酒精发酵的过程。酿酒过程中除产生乙醇外，还会产生甲醇和其他对人体有害的醇类。家庭自酿酒由于缺乏有效的设备和方法，因而这些杂醇含量往往是超标的。如果你喝了自酿酒以后感觉特别上头，请及时停止饮用，以防中毒。

8. 答案：C. 铝

解析：五金店的五金，最早指金、银、铜、铁、锡，以这五种代表金属材料。现在泛指各种金属。

9. 答案：B. 前轮摩擦力向后，后轮摩擦力向前

解析：当人踩脚踏板使自行车行进时，脚踏板先驱动后轮转动，因此后轮是主动轮，受到的地面摩擦力向前。后轮受到的摩擦力使得车身整体向前移动，导致前轮产生向前的运动趋势，所以前轮与地面接触面会受到向后的摩擦力。

科学单元 11

那时候看过达尔文的传记，他小时候去抓虫子，左手抓一只，右手抓一只，又看见了一只从来没见过的，他想了想，就把右手那只放到嘴里，再去抓剩下那只，结果就被咬了。这些不就是小时候的我们想要干的事情吗？到中学的时候，有一个物种大灭绝的理论，当然这个理论一直到现在都有争议，它就跟天文学相关。小行星撞地球，临近超新星的假说，甚至包括在 *Nature*（《自然》）上的一篇文章，说有可能是一个很小的黑洞穿过地球，这些都是很有趣的计算和想象。就是这个把生物、物理和天文联系到了一起。当然最终走到这个专业，是有一定的偶然性。

我们会面临越来越多这样的困难，有的是跟技术相关的，有的是跟技术不相关的。对于这些，我们只有通过基础的研究，来扩大我们对宇宙和人类自己的认识，只有知道更多我们不知道的东西，将来才能够面对我们现在都还无法想象到的挑战，才有可能得到我们现在还不能够预知的答案。所以这个事情是有轻重缓急的，基础研究是在跟国家、社会讨论的过程中，达到这样的一个规模。我们要做好本职工作，尽量地去探索这个未知的世界。

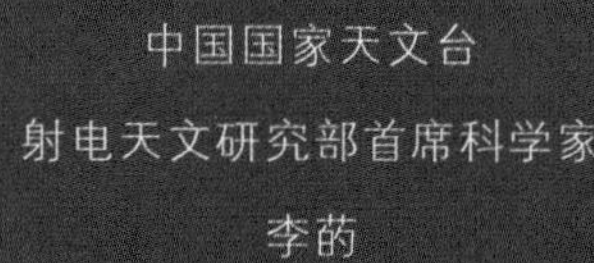

中国国家天文台

射电天文研究部首席科学家

李药

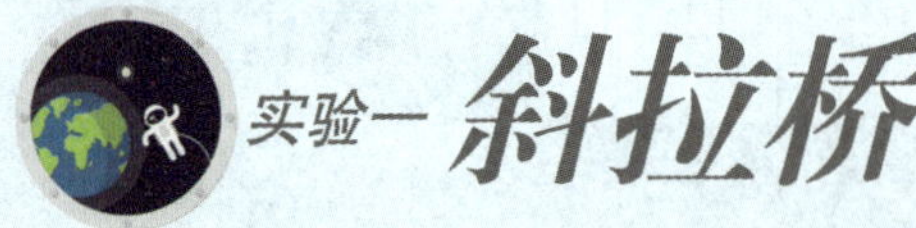

实验一 斜拉桥

新课标知识点 · 常见承重结构

1 梁是建筑中结构最基本、应用最广泛的构件之一。梁的制作简单，在中小跨度建筑中得到了大量的应用。梁按材料分类有石梁、钢梁、钢筋混凝土梁等。木梁在古代庙宇、宫殿中应用极为普遍。木材自重小，抗拉、抗压强度都比较高，但木材防腐、防火性能差，且资源有限。

2 在桥梁工程中，拱是广泛应用的一种结构。梁在外力 F 的作用下，要向下弯曲；而拱在同样外力作用下，拱脚支座能够产生水平推力，从而提高了拱的抗压能力。

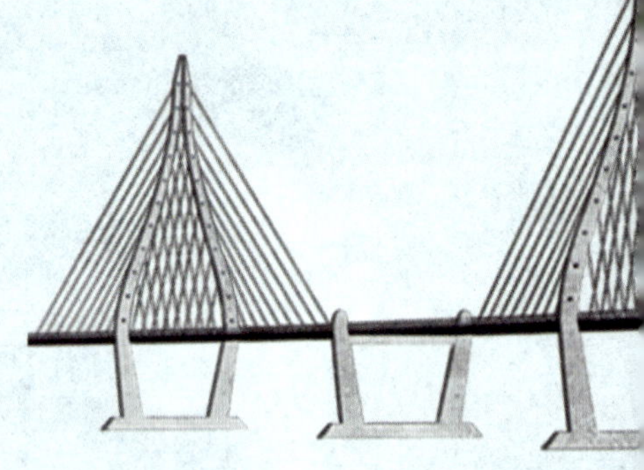

3 拱结构不仅受力性能较好，能够较充分地利用材料强度，而且样式多，建筑形象十分丰富，因此是建筑师比较欢迎的一种结构形式。拱结构适用于较大跨度的公共建筑，如展览馆、体育馆、商场等。

4 桁架是若干杆件在杆的两端用铰链联结而成的几何形状不变的结构，具有与梁完全不同的受力性能。桁架多用钢材、木材或钢筋混凝土制作，其受力合理、计算简单、施工方便、适应性强，对支座没有横向推力。桁架常用作屋盖承重结构。

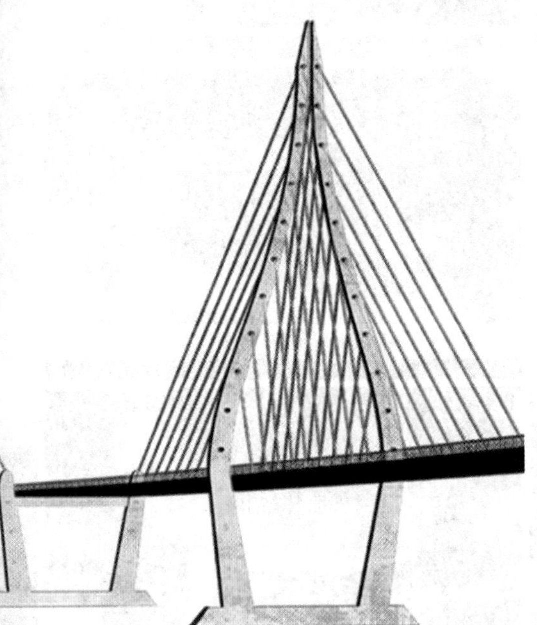

5 网架是由许多杆件按照一定规律组成的网状结构。网架结构的杆件多采用钢管或角钢制作；结点多为空心球结点或钢板焊接结点。网架结构的整体性强、受力性强、材料省、自重轻、制作精度高、施工简便，多用于展览馆、体育馆、各类艺术性建筑等。

实验操作台

实验情景

《加油向未来》第二季迎来收官之战，“撒贝尼”兄弟特意换上了正装。不过，西装革履的小尼仍然要面对被实验道具“吊上天”的现实。一块厚厚的塑料泡沫板在绳索的作用下悬在高空，形成一架斜拉桥，小尼将以身试险，走到斜拉桥末端取下旗子。神奇的桥梁结构能否帮助小尼完成任务呢？

实验题目

以塑料泡沫板作主梁，以红、黄、白三种颜色的绳索作斜拉索，搭建起斜拉桥，在小尼从索塔走向泡沫桥末端取下的过程中，松开哪一组绳索，塑料泡沫桥会断裂？

A. 最靠近索塔的红色绳索

B. 中间的黄色绳索

C. 斜拉桥末端的白色绳索

D. 以上情况都会断裂

扫一扫，看松开哪一组绳索，小尼在走向泡沫桥终点的过程中桥会断裂

实验步骤

1. 以塑料泡沫板作主梁，以红、黄、白三种颜色的绳索作斜拉索，搭建起斜拉桥。斜拉桥远离索塔的桥梁末端插着小旗。其中，红色斜拉索最靠近索塔，黄色斜拉索位于中间，白色斜拉索位于距索塔最远的桥梁末端。

2. 撤去红色斜拉索，小尼从索塔走向桥梁末端，观察到桥梁发生形变，向下弯曲，小尼成功取下小旗，斜拉桥未发生断裂。

3. 装上红色斜拉索，撤去位于中间的黄色斜拉索，小尼从索塔走向桥梁末端，观察到桥梁发生形变，向下弯曲，小尼成功取下小旗，斜拉桥未发生断裂。

4. 装上红色和黄色斜拉索，撤去白色斜拉索，在小尼走过黄色斜拉索继续前进的过程中，斜拉桥在黄色斜拉索与塑料泡沫桥连接点附近发生断裂。

实验证明，正确答案为 C。

原理探秘

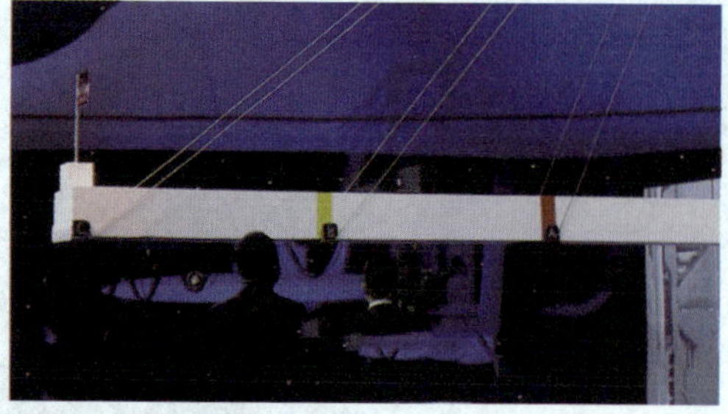

实验中泡沫桥上 A、B、C 三根绳索把泡沫桥分成了等长的三部分。

对于情况一，当去掉 A 绳索时，桥墩到 B 绳索固定点之间的这段桥面实际上还是有两个支撑点，分别是桥墩和 B 点。当实验人走过这段桥面时，这一段桥面的正中位置是最容易断裂的地方，然而结构力学的知识告诉我们，此时桥受到的使之弯折的力矩等于人一半的体重乘以这段桥面长度的一半。对于情况二，去掉 B 绳索时有 A 和 C 两个支撑点，两点之间的桥面长度和情况一相同，断裂的条件也和情况一相同。而情况三，当去掉 C 绳索时，B 点到悬空的桥头这段桥面只有一个支点（B 点），人在这段桥面上时，桥面受到的使之弯折的力等于人的整个体重乘以他到支点 B 的距离。当实验人站在桥头时，桥面的受力相当于情况一和情况二的两倍，因此断裂的可能性要大得多。（陈征、吴宝俊）

专家视角

20 世纪 60 年代，我们国家能够宣称的建大桥的成就就是南京长江大桥，相当长一段时间，我们说的大桥成就就是南京长江大桥。但是在近些年来我们可以说，中国的桥梁建筑不断地刷新纪录，不断地冲击我们的视觉和我们的想象力。为什么？其实除了材料科学和建桥技术本身进步以外，还有非常关键的一点，就是在我们建超大型桥梁之前能够做计算机模拟了。对于桥梁这种工程模拟一个关键的算法是有限元算法，而有限元算法竟然是首先起源于解电磁学的边界与支撑问题，从这一点来说，我们研究电磁学数学解的问题，最后竟然影响到了整个工程界。这一点提醒我们，科学，不管是一个国家的科学实验还是一个个人做科学，都不应该急功近利。科学一旦被创造以后，科学就不再属于科学家，那么那个科学什么时候找到它的应用，自然有它自己的规律。关于有限元，我还特别想强调一点，有限元是中国科学家切切实实做出重要贡献的一项成就，对这一成就做出重要贡献的是我们中国的数学家冯康先生。（曹则贤）

生活显微镜

桥梁的种类

桥梁按照结构的不同，可以分为梁式桥、钢架桥、拱式桥、斜拉桥、悬索桥五大类。

在两个支点之间加上桥面，就构成了梁式桥。梁式桥是最常见的桥，不过因为结构简单，所有的受力都由桥面承担，所以一般跨度和称重都受到很大的限制。

而当桥面以上增加一些结构，形成框架时，受力能力就能够有所提升，这就是钢架桥。

当对跨度要求比较大的时候，斜拉桥就是很好的选择。斜拉桥是由许多直接连接到塔上的钢缆吊起桥面，从而实现在很大跨度上桥面都能得到均匀支撑的桥。斜拉桥主要由索塔、主梁、斜拉索组成。

拱桥则是最为古老的桥梁种类之一，它通过一个或多个拱形结构,使桥面承受的力均匀分散，从而使桥梁即便材料强度不大的情况下，也能有很强的承重能力。

悬索桥则是先把一根钢索悬挂在两端的塔架或者山崖上，然后把桥面用绳索“挂”在悬索上的桥。这是一种非常节约材料的桥。

赵州桥和小商桥

中国建造古桥的历史比古罗马晚了几百年，但是中国的拱桥却独具特色，形式、结构、造型千变万化，有像驼峰突起一样的非常陡的拱桥，也有像月亮一样微弯的拱桥，还有桥面非常平坦的多孔桥。

其中小商桥和赵州桥是现存的最为古老，最为有名的两道桥。

小商桥位于河南省漯河市的小商河（颍河故道）上，始建于隋代开皇四年（公元 584 年），宋代，元代，明代，清代数度整修，现存的小商桥整体上是北宋风格。是一座敞肩单孔石拱桥。据说南宋抗金名将岳飞的部将杨再兴，就在小商桥附近与金兵交战阵亡。

赵州桥则坐落于河北省赵县的洨河上。始建于隋代大约公元 595 到 605 年间，由著名匠师李春设计制造。它虽比小商桥稍晚几年建造，但却比小商桥大很多。这座横跨 37 米的石桥历经 1400 多年的风霜雨雪，经历了数次洪水、地震的考验，至今依然巍峨挺立着，成为中国古代建筑的一张名片。被称为长城之外的中国古代另一建筑奇迹！

实验二 北斗卫星导航系统

新课标知识点 · 电磁波的发射和接收

1 振荡电路向外界辐射能量的本领与振荡频率密切相关，频率越高，发射电磁波的本领越大。振荡电路的电场和磁场必须分散到尽可能大的空间，这样才能有效地把能量辐射出去。

2 实际应用中的开放电路，线圈的一段用导线与大地相连，这条导线叫作地线；线圈的另一端与高高地架在空中的天线相连。无线电波就由这样巨大的开放电路发射出去。

3 在电磁波的发射技术中，使电磁波随各种信号而改变的技术叫作调制。一种调制的方法是使高频电磁波的振幅随信号的强弱而改变，这种调制叫作调幅；另一种调制的方法是使高频电磁波的频率随信号的强弱而改变，这种调制叫作调频。

4 电磁波在传播时如果遇到导体，会使导体中产生感应电流。因此，空中的导体可以用来接收电磁波，这就是接收天线。接收电磁波后首先要从诸多信号中把我们需要的选择出来，这就要设法使我们需要的电磁波在接收天线中激起的感应电流最强。

5 使接收电路产生电谐振荡的过程叫作调谐。调节可变电容器的电容可以改变电路的固有频率，使它跟要接收的电磁波频率相同，这个电磁波在调谐电路里激起较强的感应电流，于是就接收到了信号。

实验操作台

实验情景

无论去哪里，打开手机中的GPS，系统就会自动规划出几条路径供你选择。GPS似乎也渐渐成了导航的代名词。然而，GPS并非唯一的卫星导航系统。2017年11月5日，中国第三代导航卫星顺利升空，它标志着中国正式开始建造北斗卫星导航系统。北斗导航卫星升空究竟有何重大意义？我国的卫星导航科技又在朝着怎样的方向发展呢？

实验题目

以下哪种功能是现在北斗卫星导航系统不具备的？

A. 规划牧民找到牛群位置的路径

B. 明确牛群所在的经纬度

C. 牧民在没有手机信号的牧区给家里发回一条短信

实验步骤

1. 打开手机的北斗卫星放牧系统，可以看到牛群所在的经纬度信息。

2. 打开放牧系统的路线规划功能，手机呈现出北斗导航自动规划的路线。跟随导航系统规划的路线，牧民找到了牛群。

3. 牧民在没有手机信号的牧区给家里发短信，短信可以发出并收到短信回复。

实验证明，正确答案为C。

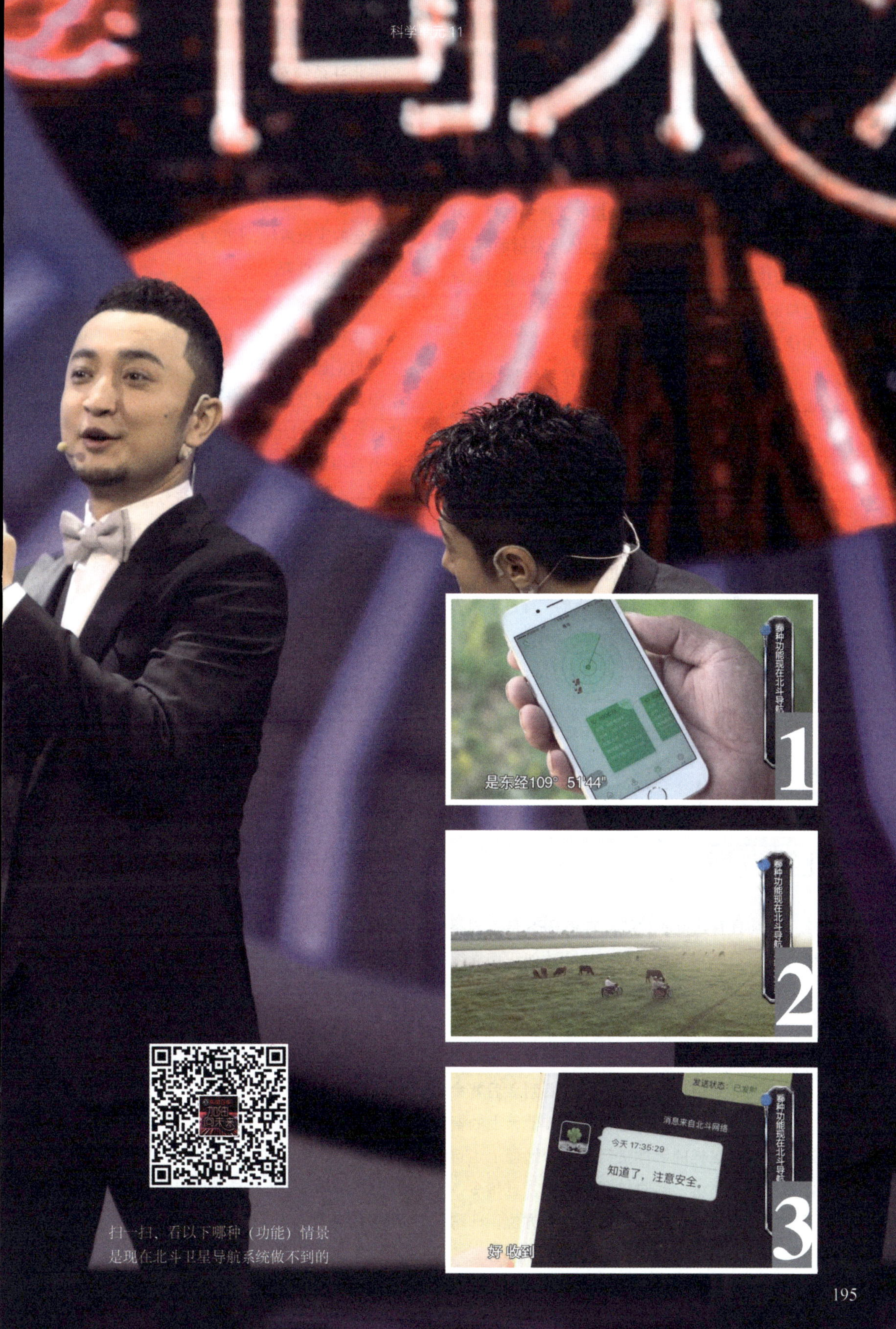
哪种功能现在北斗导航
是东经109° 51'44"
1
哪种功能现在北斗导航
2
发送状态：已发射
消息来自北斗网络
今天 17:35:29
知道了，注意安全。
哪种功能现在北斗导航
好 收到
3

扫一扫，看以下哪种（功能）情景是现在北斗卫星导航系统做不到的

原理探秘

中国北斗卫星导航系统是继美国 GPS、俄罗斯格洛纳斯、欧洲伽利略之后的全球第四大卫星导航系统。北斗定位终端接收卫星的信号，利用信号中包含的卫星的位置和信号发射的时间，就可以算出卫星到终端的距离。还可以通过多颗卫星联合计算，确定不同终端的位置，并结合地图信息进行路径规划。

和 GPS 相比，北斗导航定位系统最大的特点在于短报文服务。简单说“短报文”就像手机短信，可以发布 140 个字的信息，既能定位，又能显示发布者的位置。另外，在海洋、沙漠和野外这些没有通信网络的地方，安装了北斗系统终端的用户，可以定位自己的位置，并能够向外界发送文字信息。短报文可以实现双向通信，提供的指挥端机可进行一点对多点的广播传输，为各种应用平台提供了极大便利。

北斗卫星导航系统主要是针对实现导航功能而设计的，因此，在设计之初，考虑到频率资源等问题，没有考虑支持通话的功能。（陈征、吴宝俊）

专家视角

北斗具有独特的功能，它和 GPS 最主要不同在于它有短报文的功能。这个功能我们觉得挺简单，但在很多场合下非常有用。比如我们做天文观测的时候，天文卫星在天上运行，发现了重要的天文事件，瞬时就可以通过短报文发一个短信到地面上通知我，我看到之后就会协调，让地面的很多望远镜或者其他天上的望远镜同时对这样的天体进行观测。地面上也可以利用这个系统，随时给我的卫星发送指令，发一个短信上去，让它指向某一个方位，非常有用。

北斗系统对我们国家来讲有非常重要的战略意义。从国家安全的角度来讲，现在的自导系统，军事上用的各种定位系统，如果依赖国外的导航系统，那么你跟它发生冲突的时候，你就用不上了。对一个国家来讲，如果没有这样安全的定位系统，国家的安全就会受到危害，所以这非常重要。

我们国家这些年在空间的原子钟上进步很大，比如说我们已经在“天宫二号”上面实现了，咱们国内科学院几家单位做的，国际上在空间实现精度最高的时钟。这个技术验证之后，将来会应用到北斗系统上去。这样我们定位的能力会有非常大的提升。这是从科学到技术转化的一个非常好的证据。（张双南）

最后一期了，我点评一下选手的表现。刚才有小朋友说用排除法回答问题，我觉得这是我们的教育考试的时候老这么干，造成的一个非常坏的习惯。排除法可以用在考试上，但绝对不可以作为你做科学判断的基础。当我们对一件事情进行判断的时候，一定要建立在对问题的理解上面，而不能使用排除法。因为我们不能保证对问题本身的叙述是完备或者正确的，所以请同学们注意，也许你将来还要考试，还要用所谓的排除法，但是在日常生活和将来的事业中，千万不能用这种排除法。

刚才张双南老师已经跟大家提起了，关于导航系统，这个导航精度的重要性来自于它的钟，请大家一定要记住，导航或者雷达里面都用到一个非常重要的科学原理，就是狭义相对论的原理，光速是不变的。当我们定位或者测距的时候，我们都不是在测距离，而是在测时间。所以一个好的雷达，一个好的导航系统，它除了发射和接收部件以外，关键的科学部分一个是时钟，另一个就是计算机。第一，就是要求你的时钟是准的，也就是说距离是准的。第二，你的计算能力是快的，所以你的响应是快的，这才是它的关键。（曹则贤）

生活显微镜

让我们“牵星过海”

我国是一个天文学历史悠久的国家。早在汉晋时期，船员们就注意到一些重要“方位星”位置是恒定的，可以用它们来帮助船队在大海中判定方向和所在位置，这种方法叫“过洋牵星术”。

“牵星板”如何使用？

1. 先确定要测量的目标星辰。

2. 将一根绳子穿在一块牵星板的中心，并把绳子拉直靠近至嘴唇或眼窝处。

3. 牵星板要与海平面保持垂直，并且眼睛要看到板的上沿是紧贴目标星辰所在的位置，下沿与水平线重合。注意：若星星的位置没有紧贴板的上沿，这时就需要更换其他尺寸的牵星板。

4. 通过牵星板上的刻度便可测出星辰的出水高度是多少“指”。对照古人记载的航海图所标注的目标星辰高度，确定船目前所在位置。

摘自：《让我们“牵星过海”——中国古代没有导航怎么跑船？》，原文见《中国海事》2016年第9期，第76～77页。

“北斗”的成长历程

其实早在20世纪60年代，我国就开始了有关卫星导航定位的研究，后来由于历史原因中断，到70年代末才恢复。

1983年，著名航天专家陈芳允院士正式提出了利用两颗地球静止轨道通信卫星来实现区域快速导航定位的设想。

1989年，我国首颗民用通信卫星展开了双星定位演示验证实验证明了系统技术上的正确性和可行性。

1994年，我国正式启动了导航系统的建设和发展，并定名为北斗卫星定位导航系统。

2000年，我国成功发射了两颗“北斗一号”

卫星构成了北斗导航系统最早的雏形，形成了区域性的有源服务能力。2003—2007年，我国又成功发射两颗北斗一号的备份卫星，标志着完整的第一代北斗卫星导航系统完成。在第一阶段，北斗和GPS还有一定的差距，但是它终于打破了GPS的垄断地位，迈开了破冰的一步。

2006年《中国航天白皮书》正式宣布建立第二代北斗卫星导航系统。之后从2007—2012年发射了12颗“北斗二号”卫星，迅速组建了第二代北斗卫星导航系统网络，形成了覆盖亚太地区的无源定位、导航、授时以及短报文通信服务能力，并正式开通服务。

此时的北斗卫星导航系统已经和GPS系统不相上下，甚至在一些功能上比GPS还强，比如短报文通信功能。

2013年到现在，第二代北斗系统的建设在不断加强。2017年11月，以一箭双星的方式发射了第24、25颗卫星。预计到2020年，35颗卫星将全部发射升空，实现北斗卫星导航系统的全球覆盖能力。到那时，北斗系统将形成全球范围内全天候为各类用户提供高精度、高可靠度的定位导航授时服务，并且具有短报文通信能力。

北斗二号的定位精度已由2012年的10米提升至6米，在中国境内能够提供实时米级、分米级、厘米级和后处理毫米级高精度服务。未来的北斗三号将在定位精度上达到2.5～5米。

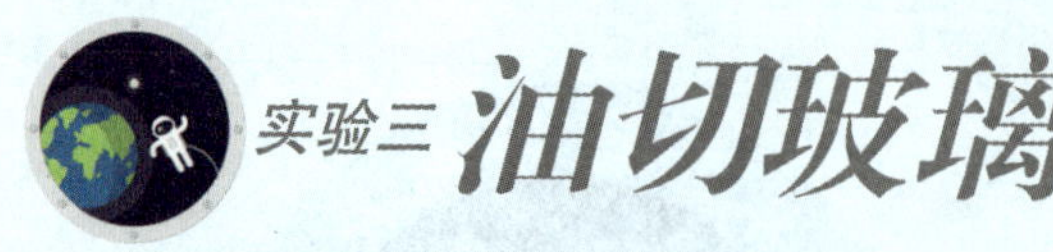

实验三 油切玻璃

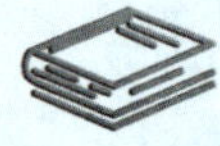

新课标知识点 · 比热容

1 不同物质，在质量相等、升高的温度相同时，吸收的热量不同。在温度升高时吸收的热量与它的质量和升高的温度乘积之比，叫作这种物质的比热容。

2 如果知道一种物质的质量和温度升高的度数，就能计算它吸收的热量。比热容是反映物质自身性质的物理量。不同的物质，比热容一般不同。

3 质量相同的不同物质，当吸收或放出同样热量时，比热容大的物质温度变化比较小。因此，比热容大的物质对调节温度有很好的作用。

4 水的比热容较大。当环境温度变化较快时，水的温度变化相对较慢。生物体内水的比例很高，有助于调节生物体自身的温度，以免温度变化太快对生物体造成严重损害。

5 水的比热容是沙石的 4 倍多。质量相同的水和沙石，要使它们上升同样的温度，水会吸收更多的热量；如果吸收或放出的热量相同，水的温度变化比沙石小得多。

6 夏天，阳光照在海上，尽管海水吸收了许多热量，但是由于它的比热容较大，所以海水的温度变化并不大，海边的气温变化也不会很大；而在沙漠，由于沙石的比热容较小，吸收同样的热量，温度会上升很多，所以沙漠的昼夜温差很大。

实验操作台

实验情景

在“鲁珀特之泪”实验中，鲁珀特水晶头部可以承受高达8吨的压力，但在钳子钳碎尾部的瞬间，鲁珀特却立即崩碎。这次实验同样与玻璃有关，我们需要把玻璃瓶齐整地切断。

那么，要用什么样的方法才能齐整地切断玻璃呢？

实验题目

以下哪种组合，用火加热或点燃后能切割玻璃花瓶？

A. 油和铁

B. 酒精和麻绳

C. 两种都可以

扫一扫，看哪种组合用火加热或点燃后能切割玻璃花瓶

实验步骤

1. 在玻璃花瓶内装入与水缸液面几乎相同的水，然后向玻璃花瓶内倒入少量食用油，轻轻搅拌使其均匀散开。

2. 用烧红的铁板加热油面，片刻后，伴随着脆裂声，玻璃花瓶在液面处齐整地断为两截。

3. 先将麻绳泡在酒精内，随后将浸透酒精的麻绳缠绕在玻璃花瓶的中间位置。点燃麻绳，并轻轻转动玻璃花瓶使其均匀受热。

4. 将玻璃花瓶放到水中，玻璃花瓶在入水后齐整地断为三截。

实验证明，正确答案为 C。

原理探秘

玻璃是一种硬度极高，同时脆性极强的物质状态。用科学语言来说玻璃的脆性，就是玻璃能够承受的形变程度非常小，不像金属、塑料那样的材料可以有很大程度的弯曲而不断裂。同时普通玻璃的热膨胀率比较大，也就是说在温度升高时玻璃的体积膨胀明显。当我们在玻璃瓶中间绑一根浸满了酒精的麻绳并点燃，被麻绳所缠的这一部分玻璃就会被加热到很高的温度，突然把它放进冷水里时，麻绳缠绕的区域和其他部分的玻璃形成了巨大的温差，导致在麻绳缠绕区域的玻璃显著膨胀，而周围的玻璃温度低，体积小，两者之间就会产生巨大的剪切应力。在“鲁珀特之泪”的实验当中，我们已经知道玻璃内部其实有大量的微小的裂纹存在。在这个温差导致的巨大应力作用下，玻璃上本身就有的微小裂纹立即扩大，最终导致玻璃的断裂。

油切玻璃也是利用了类似的原理。被铁板加热的油层所接触的玻璃会被加热到很高的温度，和周围的水接触的玻璃形成巨大温差，导致这两部分的玻璃热胀冷缩的程度大不相同，产生巨大的剪切应力，进而使玻璃破碎。（陈征、吴宝俊）

专家视角

脆性对应的就是延展性，延展性表现良好的材料就是金属。比如，当我们用锤子砸一块金的时候，金都能做成金箔，金箔的厚度是纳米量级的。材料延展性和脆性的关键区别到底来自于哪里呢？就来自于组成它的基本单元。我们说分子或者离子或者说就是一个原子和相邻的其他离子和原子的连接方式。像金属原子之间相互的关系，它的几何角度多少度都没关系，所以它的化学键叫金属键；而像我们平常吃的盐或者像金刚石这类材料里面，它一个原子或者离子和各邻居之间的化学键是离子键或者共价键，它的一个非常重要的特征是具有方向性，它对和邻居之间关系的方向特别讲究。比如在金刚石结构中，每一个金刚石旁边是四个碳原子，在四边形的四个顶角上。

热胀冷缩是一个特别普遍的现象，但是也存在一类物质在一定的范围内会热缩冷胀。大家比较熟悉的水会表现出热缩冷胀。而热缩冷胀的性质对于我们地球表面的塑造过程非常重要，石头里面有水的时候，当水结冰的时候，就会把石头给挤裂开。所以说我们大自然里石头遇水风化的重要过程反而是因为热缩冷胀。（曹则贤）

热胀冷缩这个原理不仅是说我们日常生活当中用到的，现在高科技里面也用。比如我们以前坐火车的时候，铁轨之间有缝，冬天看那个缝还挺长，这样火车走过去的时候，轮子砸在上面就很响。那个火车不能跑得太快，因为太快产生的撞击对铁轨和轮子都是非常大的损伤。但是今天我们坐的高铁感觉不到声响，这个叫作无缝钢轨，或者说在很长一段路之后才有一点点缝。在这时候，一方面选择的材料使得它尽可能热胀冷缩小一些；另一方面是轨道技术，我们把铁轨在这个道轨上面固定得非常紧，这样即便有一定的热胀冷缩，靠力也能够把它压住，不至于让它产生比较大的形变。当然，这也和安装铁轨的季节有关系。要选择在恰好既不是膨胀最长，也不是最短的时候。在这种情况之下，我们做出来的高铁基本上是没有缝的。所以即便速度很快，我们也听不到太多的声音。

还有另外一个因素对我自己的领域很重要。我的主要工作是做天文仪器，放到卫星上面去。我们在一个卫星上面通常是放好几架天文望远镜，我们希望这几架望远镜都指向同样的目标来做观测，如果他们对不准的话，你看这个，我看那个，就会乱掉了。但是，在卫星平台上面，卫星受热不均匀，温度的平衡特别难做到，它没有办法把热量释放出去。所以，对卫星温度的控制就变得非常重要。你要通过主动采取措施使卫星上面尽可能温度均匀，不要产生热胀冷缩所导致的形变。现在我们的卫星，所有的望远镜都指向同样的方向，这也是我们航天技术一个重要的进步。（张双南）

现在有材料做无缝钢轨，可以让我们的高铁跑得很快。因为现在可以把钢做到热胀冷缩系数非常小，小到什么程度？小到我们给它起名字就叫不变，这类钢我们汉语干脆翻译叫殷钢，家境殷实的殷，殷钢（Invar Steel），意思就是说它的长度几乎不变。（曹则贤）

生活显微镜

无缝钢轨

我们形容火车的声音时，经常会用“咣当、咣当”的拟声词，那是因为过去的铁路，铁轨是一节一节拼成的。钢铁的热胀冷缩效应非常明显，在寒冷的冬天和炎热的夏天会有非常明显的长度变化，所以每节铁轨之间也会留一两厘米的伸缩缝。然而今天我们在乘坐高铁时，却听不到咣当咣当的声音了。这是因为高铁的速度非常快，如果钢轨上还有伸缩缝的话，列车在通过伸缩缝时会有巨大的冲击力，会对列车的轮子造成严重的损害，甚至对列车的平稳运行造成致命伤害。所以今天的高铁铁轨已经采用无缝钢轨。

那么钢轨的热胀冷缩问题是怎么解决的呢？科学家们想出了两种办法：一种是用锁扣把钢轨死死锁定在枕木上，在温度变化时，钢轨内部产生的内应力被每一节枕木分散承担。对于几千米长的钢轨温度变化，它内部产生的内应力非常大，因此这种办法适合南方温差不大的地区。而对于中国的北方地区；冬夏温差非常大，就要采用另外一种办法，选择在一个适中的温度下实际铺设，这样钢轨伸长或者缩短，都在比较小的范围内。

实验四 节奏之手

新课标知识点 · 神经系统

1 神经调节的基本方式是反射，它是指在中枢神经系统的参与下，动物体或人体对内外环境变化做出的规律性应答。完成反射的结构基础是反射弧。

2 反射弧通常由感受器、传入神经、神经中枢、传出神经和效应器（传出神经末梢和它所支配的肌肉或腺体等）组成。反射活动需要经过完整的反射弧来实现，如果反射弧中任何环节在结构或功能上受损，反射就不能完成。

3 感受器在接受了一定的刺激后，产生兴奋。兴奋是指动物体或人体内的某些组织（如组织神经）或细胞感受外界刺激后，由相对静止状态变为显著活跃状态的过程。

4 感受器的兴奋沿着传入神经向神经中枢传导，神经中枢随之产生兴奋并对传入的信息进行分析和综合，神经中枢的兴奋经过一定的传出神经到达效应器，效应器对刺激做出应答反应。这就是反射的大致过程。

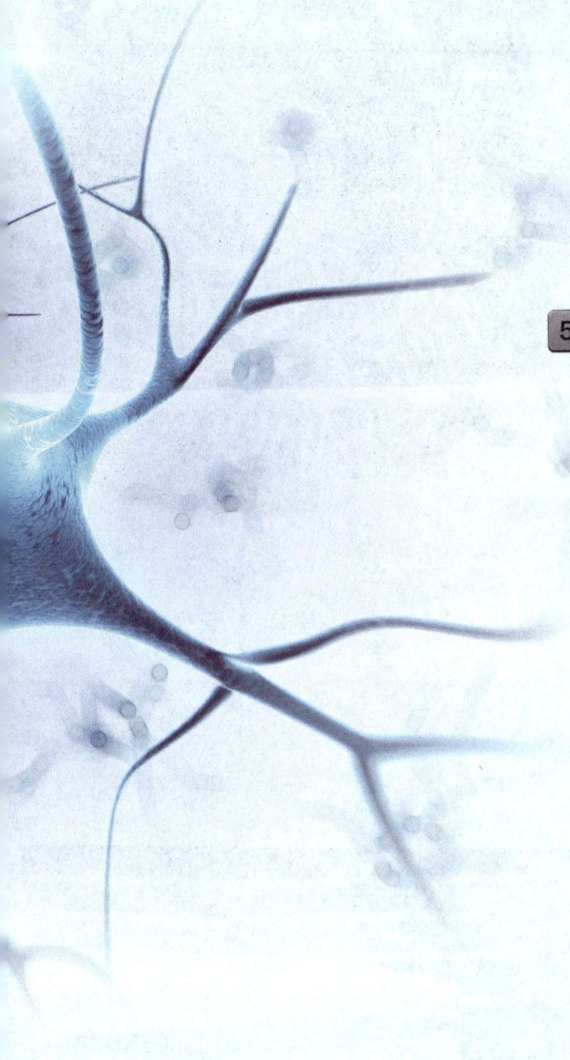

5 学习和记忆是人脑的高级功能之一。学习是神经系统不断地接受刺激，获得新的行为、习惯和积累经验的过程；记忆则是将获得的经验进行储存和再现。学习和记忆相互联系，不可分割。

6 学习和记忆涉及脑内神经递质的作用以及某些种类蛋白质的合成。短期记忆主要与神经元的活动及神经元之间的联系有关，尤其是与大脑皮层下一个形状像海马的脑区有关。长期记忆可能与新突触的建立有关。

实验操作台

实验情景

在“秋千摆”实验中，我们曾感受过机械运动的律动之美。除了这些看得见的机械运动，我们每天接触的无形的音乐同样是有节律的。伽利略通过观察机械摆的运动发明了用于计时的钟摆，那么，音乐的律动能否像机械摆一样用于计时呢？

实验题目

“节奏之手”的长臂按照大约每分钟 30 圈的速度旋转，实验员邓楚涵戴上眼罩站在“节奏之手”的区域里，在 1 分钟的时间内，下列哪种方法可以躲避更多障碍？

A. 大声数 1、2、3、4

B. 大声唱《五环之歌》

C. 躲避效果相同

实验步骤

1.“节奏之手”的长臂按照每分钟大约 30 圈的固定速度旋转，实验员邓楚涵戴上眼罩站在“节奏之手”的区域里，采用不同的方式调整节奏上下蹲起，以躲避“节奏之手”的拍打。

2. 实验员采用“大声数 1、2、3、4”的方式进行步骤 1，实验员被打到 6 次。

3. 实验员采用“大声唱《五环之歌》”的方式进行步骤 1，实验员被打到 10 次。

实验证明，正确答案为 A。

扫一扫，看将双眼蒙住，限时 1 分钟，下列哪种方法可以躲避更多障碍

原理探秘

人的时间知觉能力和空间知觉能力一样，对人的生存都非常重要。时间知觉包括对时距、时序和时间点的判断。时距是两个事件之间的间隔，也就是时长；时序是两个事件发生的次序，也就是先后；而时间点则是事件发生的具体时刻。完成节奏之手的任务时，如果用打拍子的方法，可以让人对旋转手两次到达的时间间隔有更好的估计和判断，从而提高躲避旋转手臂的成功率；而大声唱歌时，人的注意力很容易受到旋律和节奏都不同的事件影响，进而降低躲避旋转手臂的成功率。（陈征、吴宝俊）

专家视角

节奏之手这个实验结果大家已经知道，会受大声唱歌的影响更大一些。原因是什么？这其实和人的时间知觉能力有关系，时间知觉和我们的空间知觉一样，对于人的生存非常重要。时间知觉包括了我们对于时距、时序和时间点的判断。时距是我们对两个事件时长的判断，时序就是对两个事件发生的次序。时间点就是具体发生的时间点。刚才在完成这个任务的时候，打拍子会帮助我们对两个旋转手之间的间隔和时间点进行更有效的估计和判断，从而提高我们躲避旋转手的成功率。但是在大声唱歌的时候，我们的注意力会更容易受到这样一个节奏和旋律都不一样事件的影响，降低我们躲避旋转手的成功率。由于年龄、生活经验和训练等影响，人在时间知觉的能力上是千差万别的。某些职业训练会让我们有非常精确的时间知觉能力，像高水平的乒乓球运动员，他们需要对来球和击球的时间、间隔以及运动进行精确的估计，所以在日常的训练中，一般会通过节奏训练、固定时间点的击球等，提高他们的时间知觉能力，从而在比赛中占据主动。对于其他的运动来讲也是如此，比如田径运动员，他们在要实施好压枪跑的战术必须有非常好的时间知觉能力。（黄昌兵）

生活显微镜

人的时间感知

目前科学家还不能准确地说出人体的时间感知是建立在具体哪个器官或者哪个物理化学过程上。但相信人体的时间感知不会是种超脱于生物体之外的一种抽象存在，而是建立在生命活动的某种节律基础上，和我们身体中的某个或者某一系列物理化学过程的速率、节律有关。我们身体里某一个器官的跳动或者某一个化学反应的周期，可能就是我们身体里时钟的一次“滴答”。

人体内的生命节律或者物理化学过程，在和外界进行物质、信息交换的时候，会发生相互作用，其速率、周期会发生一定的改变，身体里的“滴答”就不再准确（当然其实它原来也不太准确），进而导致我们时间感知的基准发生变化，从而让我们对时间的感知出现偏差。

据说曾有科学家做过这样的实验，对受试者每隔一段时间抽取他们的血液测量血糖，观察受试者血糖随时间变化的节律。当实验者把受试者所看的表调快或者调慢时，受试者的血糖节律会随着他所看到的表的快慢发生改变，而不是按照一个“客观”的时间变化。

基于这个观点，就不难理解我们为什么有的时候觉得时间过得快，有的时候觉得时间过得慢了。我们的身体条件、情绪等因素都有可能导致身体中作为“计时基准”的那个物理化学反应或者器官的动作速率、周期发生变化。

当我们做运动、唱歌等活动时，如果这个活动本身没有准确节律，就有可能干扰身体内的那个时钟，导致我们对时间的判断发生偏差。

联觉人：听出声音的味道

近代对联觉的系统研究始于 19 世纪末到 20 世纪初，在此之后经过一段长时间的沉寂，直到最近才又一次迎来联觉研究的热潮。联觉在医学研究中最早被当作一种病理症状，具有明显联觉能力的人被称为“联觉人”（synesthete）。

2006 年，*Nature*（《自然》）上的一篇研究报告了一名 27 岁的音乐家 E.S. 在听到不同音调的声音时会“品尝”到不同的味道。研究人员通过精巧的实验发现 E.S. 的联觉能力不仅远高于正常人，并且表现出相当的一致性和可重复性。尽管这些有联觉能力的人表现出异于常人的“病症”，但随着研究的深入，人们逐渐承认联觉其实是一种正常的大脑功能，全世界大约 23 个人里面就有一个拥有明显的联觉能力。

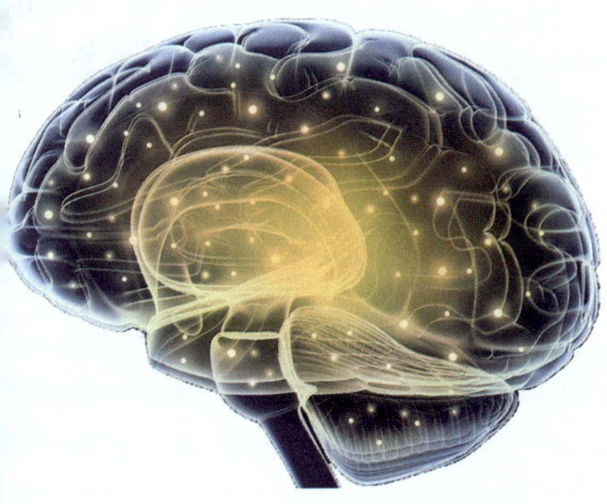

具有联觉能力的人在很多领域都有过杰出的贡献，比如小说《洛丽塔》的作者纳博科夫，音乐家李斯特等。

如果有同学发现自己有这样的能力也不必惊慌了，在一百年前你可能会被当作有病要治，而现在可以很自豪地说“能力越大，责任越大”。其实绝大部分人都有或多或少的联觉体验，唯一的不同是这种感知觉的交互是否能上升到意识层面。科学研究中经常会采用不同的实验任务来研究或者诱导联觉产生。Dehaene 等人在数字认知研究中要求参与者判断看到的数字比 5 大还是小，同时按键做反应。他发现当人们看到大数字（例如 7，8，9）会加速对右侧空间信息的处理，而看到小数字（例如 1，2，3）会加速对左侧空间信息的处理。此后更多的研究发现，这种联合作用还发生在不同颜色、物体大小，甚至语义之间。可见联觉现象不仅存在于不同感觉通道之间，也存在于同一感觉通道内不同类型的信息加工之间。

摘自：《联觉人：听出声音的味道》，原文见《课堂内外（科学 Fans）》，2016 年第 8 期，第 20 ~ 21 页。

生物钟

时间生物学

时间生物学是一门既古老又崭新的学科，长期以来一直富有活跃的生命力和影响力。从 17 世纪开始，人们便开始对生理水平的生物节律进行观察与研究。从 20 世纪 70 年代开始，筛选出了不同模式生物的生物节律突变体，并陆续鉴定出了生物钟及钟相关基因。目前，对于生物钟的研究已经深入到分子遗传机制和调控网络水平的研究，人们对生物钟的认识和了解达到了前所未有的高度。

什么是生物钟

生物钟是适应光线、温度等环境因子昼夜周期性变化的一种内在机制。在哺乳动物以及人当中，位于下丘脑的视交叉上核有 10000 ~ 15000 个神经元，是生物节律的起搏器，因此，视交叉上核中的生物钟也被称为主生物钟，其他组织中的生物钟称为外周生物钟。

生物钟为什么重要

作为适应环境的内在机制，生物钟对代谢起到重要的调控作用。许多调控重要代谢途径的激素水平受到生物钟的调节，如胰岛素对于调节代谢稳态非常重要。许多重要的代谢途径，如血糖和氨基酸代谢途径等，具有明显的昼夜节律性，也受到生物钟的调节。

植物有生物钟吗

生物钟也调控植物的各种生理过程，如种子萌发、光合作用等。在植物中，生物钟调节茉莉酸等代谢产物的合成，这在抵御虫害等方面发挥着重要的生理功能。对农作物和经济作物的生物钟研究还揭示，生物钟的紊乱可导致产量降低。这些研究表明，生物钟对于生态和环境的影响意义重大，但目前对这方面的研究还非常少，因此是未来的一个重要方向。

摘自：郭金虎，徐璎等，《生物钟研究进展及重要前沿科学问题》，原文见《中国科学基金》2014 年第 3 期，第 179 ~ 186 页。

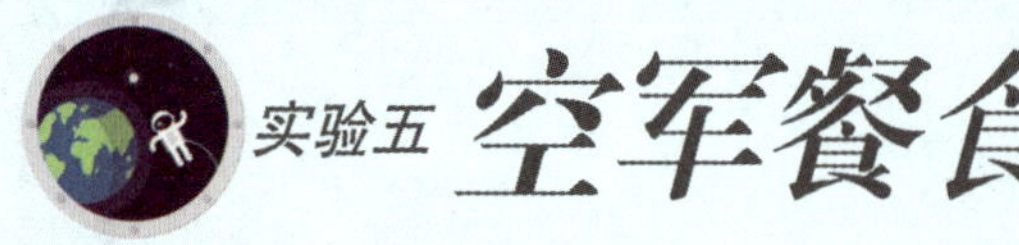

实验五 空军餐食

新课标知识点 · 气体

1 与固体、液体相比，气体是很容易压缩的，这说明气体分子不像固体分子或液体分子那样距离很近，气体分子之间有很大的空隙。

2 气体能够充满整个容器，表明气体分子除了在相互碰撞的短暂时间外，相互作用力十分微弱，气体分子可以自由地运动。

3 从分子动理论的观点来看，气体的压强是大量气体分子频繁地碰撞器壁而产生的。我们知道，雨滴打在雨伞上会使伞面受到冲击力，单个雨滴对伞面的作用力是微小的，但是大量密集的雨滴接连不断地打在伞面上，就对伞面形成压力。

4 单个分子碰撞器壁的作用力是微小的、短暂的，但是大量分子频繁地碰撞器壁，就对器壁产生持续、均匀的压力。

5 从分子动理论的观点来看，气体的压强就是大量气体分子作用在器壁单位面积上的平均作用力。

6 气体分子越密集，每秒撞击器壁单位面积的分子越多，气体的压强就越大。一定质量的气体，体积越小，分子越密集。可见，气体的压强还与体积有关。

实验操作台

实验情景

兵马未动，粮草先行。现如今，除了歼-20、航空母舰这些大国重器作为国家的战略威慑，后勤保障装备科技含量之高，同样令人震惊。这次的实验就与后勤保障息息相关。在不同的训练科目之前，战士们吃什么是有相关规定的，尤其是第二天即将进行飞行训练的空军飞行员，这里面究竟有什么讲究？背后又有什么样的科学依据呢？

实验题目

如果次日有飞行任务，下列哪种套餐是空军飞行员前一天晚间不能食用的？

A. 清蒸武昌鱼、板栗烧鸡、清炒莴笋、凉拌黑木耳、米饭

B. 孜然羊排、青瓜炒鸡蛋、蒜蓉莜麦菜、姜汁皮蛋、馒头

C. 红烧牛肉、西兰花炒虾仁、西芹百合、小葱拌豆腐、萝卜丝饼

实验步骤

1. 假设按照三个餐谱进食时，人吞入同等量的少量气体，将套餐当中食品所产生的食物残渣和气体等比例缩小，利用食品塑料袋、水和气体作为演示。

2. 在 3 个塑料袋中充入同样体积的液体代表吃进了 A、B、C 三个选项的食物，根据不同的食物，在 3 个塑料袋中添加了不同体积的气体。

3. 低压舱通过真空泵把舱里面的气体抽出，模拟一个 8000 米高空的低压环境。将 3 个选项的塑料袋放入低压舱里，一段时间后，观察到 2 号袋鼓胀最为明显，而 2 号袋对应的是选项 C。

实验证明，正确答案为 C。

东风汽车

加油向未来

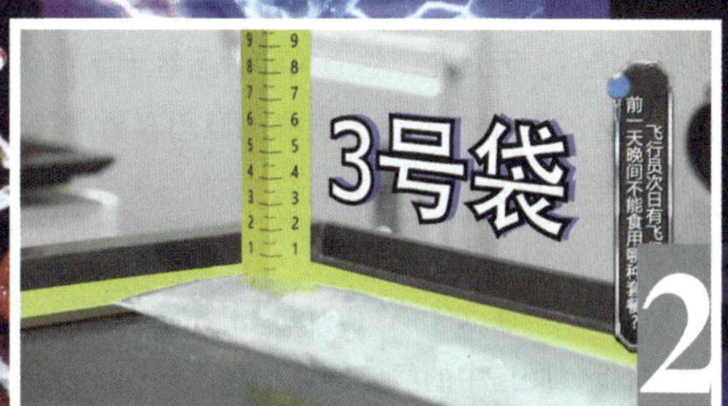

扫一扫，看如果次日有飞行任务，哪种套餐是空军飞行员前一天晚间不能食用的

原理探秘

人体内因为缺乏消化寡糖类及多糖类等碳水化合物的酵素，在摄取大豆类、土豆、红薯等富含淀粉的食物后，所含有的寡糖和多糖在小肠中不能被消化，到大肠中被细菌分解利用，就容易产生二氧化碳、氢气、甲烷等气体；同时植物纤维也不容易被消化，很容易被细菌酵解为二氧化碳及氢气。西兰花、卷心菜和甘蓝等十字花科蔬菜所含的复合糖，也因为同样的原因容易产气。

如果飞行员在执行飞行任务前一天吃了大量的产气食物，肠道当中就会产生大量的气体。在飞行员从地面飞到高空的过程中，由于外界气压的降低，肠道中的气体的体积会不断膨胀，导致飞行员产生腹胀不适等感觉。甚至在极端条件下，还可能使飞行员的身体有更严重的生理反应，进而影响飞行安全。（陈征、吴宝俊）

专家视角

产气食物吃进去有一个量的关系，如果吃得少，少量产气对人体是没有太大影响的，它在人体适度范围之内。但如果大量地吃产气食物或者吃饭的时候狼吞虎咽，吞进去的气少的话，它很快就排出去了，那么人体就没有什么影响。但如果产气食物吃得多，吞进去的气体又多，在这种情况下，驾驶飞机上升速度越快，停留高度越高，危险越大。轻的症状就是一些腹胀、腹痛，有的甚至会发生神经性的晕眩，直接影响飞行员。

我们A套餐里，米饭是不产气的，木耳也基本上不产气，鱼基本上也不产气，鸡肉、鸭也不产气，但是板栗可能会产气，不过，板栗虽然产气，但是板栗烧鸡里板栗的量是很少的，所以它即使产气，对人体的影响也不是太大。

再看B套餐，馒头、碳水化合物、羊肉是不产气的。皮蛋也不产气，但是这里的黄瓜、青瓜可能会少量地产气，但是它也是配菜。所以它即使产气，也对人体影响不太大。莜麦菜可能会产一点，但是它的量也不是太大。

C套餐中萝卜丝饼里面的萝卜是产气的，然后产气有一大类是豆制类，所以它也是罪魁祸首。还有芹菜、西兰花。西兰花同类的卷心菜也会产气。土豆酱牛肉，牛肉是不产气的，土豆你要生吃会产气，但是炖熟的话，也问题不大。（王若永）

生活显微镜

高压锅的发明

三百多年前，有一位叫帕平的法国医生被迫逃亡国外。他打算去瑞士，有一天在途经阿尔卑斯山时，他饿了，找了一些树枝，架起篝火，打算煮些土豆来吃。可是水沸腾了很久，土豆始终不熟，最后他只好把半熟的土豆吃了下去，这件事给他留下了深刻的印象。在之后的日子里，帕平查阅了许多资料，通过物理学的知识，他发现水的沸点和大气压之间有一定的关系。在阿尔卑斯山上，海拔较高的地方，气压比较低，这个时候水的沸点会降低，所以土豆煮不熟。于是他想能不能制作一个密闭容器，让里边的气压增大，这样就能使水的沸点升高。经过不断地尝试和努力，1681 年，他制造出了世界上第一台高压锅——“帕平锅”。

小心机舱低气压

英国牛津大学的一项研究发现，在飞行过程中出现的低气压环境会导致舱内人员肺部血压升高。

在本项研究中，研究人员把身体健康的志愿者安置在英国皇家空军航空医学中心的一个低压高空模拟舱内。模拟舱内气压先降至与海拔 6000 米处的气压等级，随后降至海拔 8000 米处气压等级，最终降至海拔 10000 米处气压等级。飞机舱内的气压通常保持在海拔 5000 ~ 8000 米处的气压等级，因而该研究重点关注这个档位气压对舱内人员所造成的影响。

史密斯指出：“对所有年龄段的健康乘客来

说，这种影响都不会造成问题；但对于有健康问题的高龄乘客或私人飞行员而言，肺动脉血压升高可能会让他们更易出现身体问题。这也意味着他们更易受到肺动脉血压升高的影响。研究结果对空运救护也可能造成影响，我们希望在飞行途中尽可能让病人保持平稳。对于飞行旅途较长的病人，或许需要增加供氧量，即便那时可能尚未到必须增氧的地步。”

摘自：郑焕斌，《机舱低气压会导致肺部血压升高》，原文见《科技日报》，2015 年 6 月 21 日，第 2 版。

海拔和气压的关系

气压指的是单位面积上的大气压力，它相当于我们所测量的位置单位面积上向上一直延伸到大气层顶的垂直空气柱的质量。因此不难看出，离地面越高，到大气层顶的空气柱越短，质量越小，气压也就越低。

在海平面附近的大气压大约有 101.325 千帕，在地面附近海拔每上升 9 米，气压大约降低 100 帕。与此同时，对于相同质量和温度的气体而言，气压和体积成反比关系，在喷气式飞机飞行的 10000 米高度，气压只有地面的大约 $\frac{1}{4}$，也就是说，相同的质量和温度的气体在 10000 米高空时，它的体积足有在地面时的 4 倍。

和科学天才比一比

年度科学猜想王

王旋尧，23 岁，空间相机设计师，18 岁大学毕业于中科大少年班。

扫一扫，和科学天才比一比

1. 2017 年夏天，军事题材电影《战狼 2》深受中国影迷欢迎。片中一款四旋翼无人机给人留下深刻印象。仔细观察，四旋翼无人机螺旋桨以哪种方式进行旋转？

A. 四个螺旋桨旋转方向相同

B. 其中一个负责定位，与另外三个旋转方向相反

C. 两个顺时针，两个逆时针

2. 请问以下哪一个学科属于自然科学的范畴？

A. 数学

B. 哲学

C. 心理学

3. 我国度量衡制度具有悠久历史。公元前 221 年，秦始皇统一中国，颁布诏令统一度量衡，形成了我国沿用两千多年的独特计量科学体系。关于度、量、衡，以下哪一项说法正确？

A. 度对应长度，量对应体积，衡对应重量

B. 度对应体积，量对应长度，衡对应重量

C. 度对应长度，量对应重量，衡对应体积

4.X 射线，也叫 X 光，是一种高频电磁波，有很强穿透性，在医学上有诸多应用，例如拍 X 光片。请问以下哪一种检查实际上也是利用 X 射线来工作的?

A. MRI（核磁共振）

B. B 超

C. CT（计算机断层扫描）

5. 光合作用是地球上生物赖以生存的关键，关于光合作用以下哪一项说法正确?

A. 没有叶绿体也可以进行光合作用

B. 太阳光照是光合作用的必要条件

C. 只有植物可以进行光合作用

6. 热胀冷缩是生活中的常见现象。请问，一个均匀金属圆盘，正中间有一个孔洞，当我们均匀加热圆盘时，孔洞尺寸如何改变?

A. 变大

B. 变小

C. 不变

7. 假设长度为 a、b、c 的三条线段可以构成一个三角形，请问，长度为 $\sqrt{a}$ 、$\sqrt{b}$ 、$\sqrt{c}$ 的三条线段是否能构成三角形?

A. 能

B. 不能

C. 取决于具体情况，无法一概而论

1. 答案：C. 两个顺时针，两个逆时针

解析：如果四个螺旋桨沿相同方向旋转，总角动量不为 0，机身会因空气反作用力而反向旋转，导致失控坠毁。四翼无人机任意两个相邻螺旋桨旋转方向相反，有两个顺时针旋转，两个逆时针旋转。飞机通过改变四个螺旋桨的相对转速大小来调控运动方向。2017 年 7 月，中国电子科技集团成功完成了 119 架固定翼无人机集群飞行试验，刷新了此前自己保持的 67 架固定翼无人机集群试验纪录，标志着智能无人集群领域的又一突破。

2. 答案：C. 心理学

解析：自然科学建立在实证基础之上，最早叫自然哲学，后来与哲学分开，成为今天的自然科学。数学并不属于自然科学，但它是“科学的语言”。在实验心理学诞生以后，心理学也属于自然科学的范畴。

3. 答案：A. 度对应长度，量对应体积，衡对应重量 解析：测量长短的器具为度，测定体积的器皿为量，测量轻重的工具为衡。

4. 答案：C. CT（计算机断层扫描）

解析：CT 是用 X 射线束对人体一定厚度的层面进行扫描，再利用计算机生成图像。B 超是利用人体器官对超声波反射来绘制图像。核磁共振是利用强磁场与人体内氢原子相互作用，接收反馈的电磁波信号来绘制图像。

5. 答案：A. 没有叶绿体也可以进行光合作用

解析：光合作用指的是利用光能将二氧化碳固定为碳水化合物并释放氧的过程。碳素同化包括三种类型：化能合成作用（利用化学能）、细菌光合作用和绿色植物光合作用。叶绿体是高等植物进行光合作用的场所。一些低等生物能进行光合作用，如蓝细菌不含有叶绿体但因含有叶绿素和藻胆素而能够进行光合作用。光合作用并不要求必须太阳光照射，其他人造光源也可以。

2016 年，中国科学院生物物理所的科学家们通过单颗粒冷冻电镜技术，解析了高等植物菠菜光合作用超级复合物的高分辨率三维结构，破解了光合作用超分子结构之谜。被评为 2016 年度中国十大科技进展之一。

6. 答案：A. 变大

解析：加热膨胀的过程中金属原子热运动加剧，原子间距变大。孔洞边缘的原子间距当然也同时扩大，换句话说就是孔会变大。

7. 答案：A. 能

解析：假设 a 最小，b 稍大，c 最大，那么 a、b、c 构成三角形的充分必要条件就是 $a+b>c$；这时比较 $\sqrt{a}+\sqrt{b}$ 与 $\sqrt{c}$，发现两边平方后，$a+b+2\sqrt{ab}$ 明显大于 c，那么显然可以构成三角形。

后记　制作心得分享

第一季的时候出了一本书，我写了一段导演手记，内容就是在科学上的差距以及在想象力上的差距不是通过《加油向未来》可以解决的，这种差距需要几代人踏踏实实的努力奋斗。从最基础的部分着手，去除急功近利的心态，一点一点地学习基础科学，掌握标准化的操作，正确面对错误和失误。不要粉饰太平，不掩盖错误，科学实验的失败是再正常不过。还有很多话想说，只是时机不合适，也许未来有机会再说多一点，最后祝愿每一位喜欢科学的小朋友可以发挥自己的想象，做你觉得对的事情，做你想做的事情，不用考虑对错，也许下一位“爱因斯坦”就是你！

杨志文

2017 年 10 月

《加油向未来》节目组导演

《加油向未来》第二季的录制，对于每一位参与其中的导演来说都是一个挑战，我也不例外。第一季节目已经呈现了许多震撼人心、趣味十足的实验，在此基础上，如何实现突破，是我们遇到的第一个难题。科学这两个简单的字，包含着许多不简单的学科与领域。第二季在项目设计的过程中，我们拓宽了选择范围，力求能够更加全面地展现科学的各个领域。除去大型物理实验，你还可以看到奇幻美丽的化学实验，了解身边的小动物身上有何种神奇本领，或是通过情境还原体会重要的交通安全知识。通过这些项目，我们希望能够拉近观众与科学的距离，让更多的大人和小朋友了解科学，热爱科学，体会到科学并不是高高在上的，科学其实就在我们身边。

拓宽选择范围之余，如何能够将晦涩难懂的科学原理用电视手法呈现出来呢？一方面，我们丰富了实验的呈现形式，上天入地，用大家可见可感身边的事物来展现科学实验。人工智能可以轻松进行人脸识别、飞机 360 度旋转时倒水竟然不会洒出来、4 个小朋友居然可以拉动 134 吨的磁悬浮列车、疾驰的高铁上鸡蛋还可以保持平衡立住不倒……这些看似不可能完成的任务令人惊奇，自然会引导观众了解其背后的原理。而一些轻巧型的实验导演组在设计之初，也突出了趣味性，例如在演播室里大规模呈现观众童年时代都玩过的土电话，又或是主持人亲身验证下雨到底是该走还是跑，我们希望可以调动观众的兴趣点，让更多的人了解到，科学这扇大门的背后其实是一个有趣的世界。

这一季，节目组邀请了更多科学专家和老师参与到节目中，亲自通过实验为我们讲解科学原理，让观众了解实验背后的故事与情怀。通过航天英雄杨利伟的讲述，从简单的抽真空实验中，我们可以了解到航天服制作中蕴含的科学原理；从首位华人卡尔·萨根奖获得者郑永春老师的演讲里，窥探火星的奥秘。我们也丰富了每个科学实验的原理讲解部分，除去实验背后的科学道理，希望观众可以了解这些原理在生活中的应用与落点，以及我国科研人员对这些科学原理所做出的研究和贡献。

曹闪闪

2017 年 10 月

《加油向未来》节目组导演

作为一个彻头彻尾、号称“文艺女青年”的文科生，《加油向未来》于我而言，意味着什么？生涩艰难的科学原理？繁复曲折的验证过程？牵强附会的落点设计？制作节目的过程委实如此。但这些答案通通都没有命中靶心、切中要害——《加油向未来》着实点燃了我的好奇心。从未想过科学世界是如此这般模样：晶莹剔透的“鲁珀特之泪”可以扛住液压机 8 吨的压力、色彩斑斓的雀尾螳螂虾“小拳拳”一出可以击碎数倍于它体重的坚硬物体、生活中常见的尼龙搭扣可以吊起 3 吨重的汽车、出生后第一眼看见人类的小黄鸭会认人作父、看似弱不禁风的宣纸加工后可以抵御箭矢的威力……或惊险，或神秘，或奇幻，或炫丽的实验现象，渐次在我面前呈现，激发我们燃起斗志，想尽各种方法，改进设计方案，努力设计道具，将实验进行电视化的呈现。在和组里的小伙伴们一起研发、推进实验的过程中，虽然历经各种波折，但始终惊喜不断，科学给了我们另一双发现世界的眼睛，从另一个角度去看待这个世界，收获的绝不仅仅是知识而已。希望我们诚意满满的作品，也能给你的好奇心插上想象的翅膀，助力你去探索更多的未知！

从项目的整体设计、到道具的挑选制作以及现场的彩排、录制，每一个实验的背后，都有着导演组的热情、严谨、认真。“加油向未来”是一档大型科普节目，我们希望能够向更多的人普及科学知识，在小朋友的心中播撒科学的种子，让更多的人一起领略科学的奥秘。正如主题曲中所唱响的那样，我们的前方是星辰大海，我们的世界奇妙无穷，还有许许多多的奥妙正等待着我们去发现，去研究。这条探索的科学之路上，希望更多的人能够成为同行者。

让我们一起，加油，向未来！

2017 年 10 月

《加油向未来》节目组导演

图书在版编目（CIP）数据

加油向未来科学一起猜．第二季．下册 / 《加油向未来》节目组组编．—北京：北京联合出版公司，2018.7

ISBN 978-7-5596-2317-1

Ⅰ．①加… Ⅱ．①加… Ⅲ．①科学知识－青少年读物Ⅳ．①Z228.2

中国版本图书馆CIP数据核字(2018)第150090号

加油向未来 科学一起猜（第二季）下册

《加油向未来》节目组 组编

策划统筹：爱上DK爱上科学
责任编辑：郑晓斌　徐　樟
科学主笔：陈　征　吴宝俊
特约编辑：张雅妮　赵虎超
书籍装帧：网智时代

出　　版：北京联合出版公司出版
（北京市西城区德外大街83号楼9层100088）
发　　行：北京联合天畅发行公司发行
经　　售：新华书店

印　　刷：北京美图印务有限公司
规　　格：710毫米×1000毫米　1/16
印　　张：14.5
字　　数：190千字
版　　次：2018年7月第1版　2018年7月第1次印刷
书　　号：978-7-5596-2317-1
定　　价：46.00元